칭찬의 기적

당신의 칭찬이 사람을 변화시킨다

칭찬의 기적
당신의 칭찬이 사람을 변화시킨다

초판 1쇄 발행 2025년 6월 16일

지은이 유병곤
펴낸이 장길수
펴낸곳 지식과감성#
출판등록 제2012-000081호

교정 주경민
디자인 정윤솔
편집 정윤솔
검수 이주연, 이현
마케팅 김윤길

주소 서울시 금천구 벚꽃로298 대륭포스트타워6차 1212호
전화 070-4651-3730~4
팩스 070-4325-7006
이메일 ksbookup@naver.com
홈페이지 www.knsbookup.com

ISBN 979-11-392-2648-5(03810)
값 12,000원

• 이 책의 판권은 지은이에게 있습니다.
• 이 책 내용의 전부 또는 일부를 재사용하려면 반드시 지은이의 서면 동의를 받아야 합니다.
• 잘못된 책은 구입하신 곳에서 바꾸어 드립니다.

지식과감성#
홈페이지 바로가기

칭찬을 위한 베스트 북

칭찬의 기적

당신의 칭찬이 사람을 변화시킨다

유병곤 지음

추천
김장환 목사 (극동방송국 이사장)
김은호 목사 (다니엘 기도회 운영위원장)
김기현 박사 (칭찬대학교 총장)

추천의 글

오늘 날 우리가 사는 세상은 거친 말과 비난의 말이 난무한 세상입니다. 따뜻한 가정, 아름다운 사회를 이루는 비결은 우리가 사용하는 말에 있음을 이 책을 통해 다시 한번 깨닫게 됩니다.

성경에도 "죽고 사는 것이 혀의 힘에 달렸나니 혀를 쓰기 좋아하는 자는 혀의 열매를 먹으리라."(잠언 18장 21절)라고 했습니다.

칭찬은 사람을 행복하게 하는 사랑의 말이요 사람을 일으켜 세우는 말이고 잠재력을 끌어내어 복된 삶을 살게 하는 축복의 말이요 자존감을 높이는 말입니다.

유병곤 목사님의 《칭찬의 기적》은 칭찬의 교과서와 같은 책입니다. 비난이 난무하는 이 시대에 이런 책이 출판되었다는 것은 시의적절하다는 생각을 하면서 많은 분들이 이 책을 읽고 가정과 교회와 직장에 칭찬하는 문화가 확산되었으면 하는 바람으로 기쁜 마음으로 이 책을 추천합니다. 감사합니다.

김장환 목사
극동방송국 이사장
수원중앙침례교회 원로목사

추천의 글

저자는 자신의 삶과 경험을 통해 칭찬의 본질을 탐구하고, 이를 독창적이고 설득력 있게 풀어냅니다. 칭찬은 단순히 상대방을 기쁘게 하는 수단을 넘어, 개인의 내면을 빛나게 하고 사람 사이의 관계를 심화시키며, 사회적 연대를 강화하는 순수하고 강력한 에너지임을 보여 줍니다. 또한 칭찬이 성경의 가르침과도 깊은 연관이 있음을 논하여 이 축복의 언어가 인간의 영혼을 회복하고 격려하는 아름다운 방법임을 설명합니다.

칭찬은 곧 사랑의 언어이며 세상을 밝히는 빛의 언어입니다. 《칭찬의 기적》은 그 빛을 우리에게 자신 있게 소개합니다.

만일 우리가 누군가에게 조금이나마 도움이 되고자 한다면, 그래서 선한 영향력을 흘려 보내고자 한다면 이 책을 꼭 읽어 보시기 바랍니다. 당신이 건네는 칭찬 한마디가 누군가의 하루를, 그리고 삶을 일으키는 힘이 될 것입니다.

김은호 목사
오륜교회 설립목사
다니엘 기도회 운영위원장

추천의 글

《칭찬의 기적》 저자이며 칭찬 박사이신 유병곤 목사님은 누구보다도 사람을 사랑하고 칭찬을 잘하시는 분입니다. 사람을 변화시키고 살리는 데 늘 관심이 많으신 분으로 울산에서 서울까지 6번을 달려오셔서 칭찬 박사 1급, 강사 자격을 취득하시고 강의를 하시며 신문에 칭찬 칼럼을 쓰고 방송으로도 칭찬의 중요성을 알리시는 열정이 넘치는 칭찬 박사이십니다.

이번에 《칭찬의 기적》을 출판하게 되었으니 이론과 실천을 겸비한 훌륭한 칭찬 리더이십니다.

칭찬은 바보도 천재로 만들고 악당도 선한 사람으로 변화시키는 마력이 있습니다. 개인뿐만 아니라 칭찬을 통해 교회도, 지역사회도, 나라도 바꿀 수 있습니다.

이 책을 읽는 독자들의 삶에 변화가 일어날 것을 기대하며 기쁨으로 추천합니다.

김기현 박사
칭찬대학교 총장

프롤로그

　사람은 말로 서로 소통하고, 문화를 만들며 발전하여 왔습니다. 세상에 말하지 않고 이루어지는 것은 없습니다. 사랑도, 교육도, 사업도, 신앙도, 정치도, 문화도 모두 말로 이루어집니다.

　그만큼 말이 중요하지만, 말로 인해 상처를 받기도 하고, 심지어 말 한마디가 끔찍한 사건의 원인이 되기도 합니다. 그래서 말의 중요성을 인식하고 '생명 언어'를 공부하고 가르쳤는데 어느 날 '칭찬 교육' 광고를 접하고, 서울까지 가서 칭찬 교육을 받았습니다.

　교육을 통해 칭찬의 중요성과 칭찬 교육의 필요성을 깨닫고 직업능력개발원에 등록된 칭찬 강사 1급 자격증을 받은 것이 동기가 되어 강의와 방송, 신문 칼럼 등을 통해 칭찬의 가치를 알렸습니다만 그것만으로는 부족함을 느끼고 더 많은 사람들에게 칭찬의 중요성을 알리고, 우리 사회에 칭찬하는 문화를 확산시키기 위해 책을 쓰기로 마음먹었습니다.

　"칭찬은 고래도 춤추게 한다."라는 말처럼, 진심 어린 칭찬은 사람의 마음을 움직이고, 삶에 활력을 불어넣습니다. 저는 중학교 미술시간에 수채화를 그렸는데 선생님께서 "명암이 잘 표현되었고 그림을 잘 그렸다."라며 칭찬해 주셨습니다. 그리고 제 그림을 칠판에 붙여 주셨죠. 그 작은 칭찬 한마디가 제게 큰 기쁨을 주었고, 그 후 그림 그리기를 좋아하게 되었고 지금도 그림을 곧잘 그립니다.

그러나 사람들은 칭찬하는 것을 어려워합니다. 어색해서, 방법을 몰라서, 혹은 칭찬할 만한 것을 찾지 못해서 칭찬하지 못합니다. 그러나 이 책은 독자들이 칭찬하는 방법을 배우고, 누구나 자연스럽게 칭찬하는 사람이 되도록 도울 것입니다.

이 책을 쓰기 위해 다양한 책을 읽고 공부하면서 자료를 수집하여 독자들이 쉽게 이해하고 실천할 수 있도록 기술하였습니다.

오늘날 우리 사회는 비난의 말이 넘쳐 납니다. 비난과 악성 댓글에 시달리다 스스로 생을 마감하는 연예인이 있는가 하면 학생들은 욕을 하지 않으면 대화가 되지 않을 정도라고 합니다. 이런 언어 습관을 바꾸기 위해 칭찬 교육이 필요합니다. 칭찬은 자존감을 높이고, 학업 성취도와 생산성을 향상시키며, 언어습관을 바꾸고 모두를 웃음 짓게 하는 능력이 있습니다.

성경에도 "도가니로 은을, 풀무로 금을, 칭찬으로 사람을 단련하느니라."(잠언 27장 21절)라고 했습니다.

당신의 칭찬이 사람을 변화시키는 기적을 일으킵니다.

2025년 봄
태화강변에서 **유 병 곤**

목차

추천의 글 김장환 목사 / 김은호 목사 / 김기현 박사   4
프롤로그   7

1부 칭찬의 행복

칭찬하면 행복합니다   14
칭찬하면 화목합니다   18
칭찬은 축복의 말입니다   23
한국인에게 칭찬이 필요합니다   27

2부 칭찬 교육

칭찬의 정의   32
칭찬 교육이 필요한 이유   35
칭찬의 효과   44

3부 칭찬 실천

칭찬 잘하는 방법   68
4단계로 칭찬하기   76
칭찬하기와 칭찬받기   79
상대에 맞게 칭찬하기   82

4부 칭찬 에세이

꼭 필요한 칭찬	92
예수님의 칭찬	94
때에 맞는 칭찬	97
백부장을 칭찬하신 예수님	100
칭찬의 유익	102
칭찬으로 교육의 극대화를	104
칭찬이 성공의 비결	107
칭찬으로 이웃 사랑	110
칭찬으로 축복하라	112
칭찬 교육의 유익	114
칭찬은 예언이다	116
아이에게 칭찬을 가르쳐라	118
칭찬의 양념을 쳐라	121
율법과 은혜	123
'미인대칭' 칭찬 운동	125
비판과 칭찬의 균형감	127
속사람을 칭찬하라	129
교회는 칭찬 발전소	131
예수님의 특급 칭찬	133
셀프 칭찬	135
갈등을 푸는 열쇠	137
사람을 빛나게 하는 칭찬	139
부록: 30일 칭찬 실천 일기장	143

1부
칭찬의 행복

칭찬하면 행복합니다

누구나 칭찬을 받으면 기분이 좋아지고, 입꼬리가 올라가며 얼굴이 밝아지는 모습을 보게 됩니다.

"칭찬은 고래도 춤추게 한다."라는 말을 우리는 잘 알고 있습니다. 덩치 큰 고래가 쇼를 하도록 훈련시키는 데 칭찬이 결정적인 역할을 했다는 것입니다.

이 말은 곧 칭찬이 말 못 하는 동물의 행동조차 변화시킬 만큼 강력한 힘을 가졌다는 뜻입니다.

물론 "칭찬하면 버릇없어진다." "칭찬하면 교만해진다." 등의 부정적인 시선을 가진 사람들도 있습니다.

하지만 누구에게나 칭찬은 필요하며, 칭찬은 사람을 세우는 힘이 있습니다. 진심 어린 칭찬은 마음을 움직이고, 그 사람의 인생을 변화시킬 수 있습니다.

1) 칭찬에 대한 명언들

19세기 미국의 유명한 목사 필립 브룩스는 "사소한 일도 '잘했다, 잘했다'라고 칭찬해 주면, 그 사람은 상상을 초월할 정도로 노력하게 된다."라고 말했습니다.

리더십 전문가 존 맥스웰도 이렇게 말합니다. "못하고 있는 순간을 잡아내면 사람들은 방어적이 되고 변명한다. 반면, 잘하고 있는 순간을 포착해 칭찬하면 긍정적인 면이 강화된다." 잘못을 지적하기보다, 잘한 점을 칭찬하는 것이 더 효과적이라는 말입니다.

미국 대통령을 지낸 벤저민 프랭클린은 이렇게 말했습니다. "성공의 비결은 남의 험담을 결코 하지 않고, 장점을 들춰내는 데 있다." 비판과 험담보다는 장점을 찾아 칭찬하는 태도가 상대를, 더 나아가 나 자신을 성공으로 이끈다는 뜻입니다.

2) 성경 속 칭찬의 지혜

성경 역시 칭찬의 중요성을 이렇게 전하고 있습니다.
"도가니로 은을, 풀무로 금을, 칭찬으로 사람을 단련하느니라."(잠언 27장 21절)
도가니나 풀무로 불순물을 제거해 값진 보석을 만드는 것처럼, 사람은 칭찬으로 다듬으면 빛나는 존재가 된다는 의미입니다.

예수님은 로마 백부장의 믿음을 칭찬하시며, "이스라엘 중에서도 이만한 믿음을 만나 보지 못했다."라고 칭찬하셨습니다.

이처럼 성경에는 예수님께서 사람들의 믿음과 행동을 직접 칭찬하신 장면들이 여러 차례 등장합니다.

3) 작은 칭찬이 만드는 큰 행복

칭찬이 필요하다는 것은 알지만, 많은 사람이 칭찬을 잘 하지 않습니다. 그 이유는 칭찬의 가치와 효과를 잘 모르기 때문입니다.

대단한 일이 있어야 칭찬하는 것이 아닙니다. 오히려 평범한 일상 속에도 칭찬할 만한 일들이 충분히 있습니다. 하지만 우리는 그것을 당연하게 여기고, 그냥 지나쳐 버리곤 합니다. 그러다 보니 칭찬할 기회를 놓치게 되는 것입니다.

예를 들어 자녀에게 이렇게 말해 보세요. "너는 숙제를 미리미리 잘하는구나." "엄마 일을 잘 도와주는 네가 정말 최고야." 아내가 맛있는 음식을 차려 줬을 때는, "여보 정말 맛있어요." "당신은 요리를 참 잘해요."라고 말해 보세요. 남편에게 "당신은 우리의 든든한 기둥이에요 멋져요." 이런 짧은 한마디가 가정에 웃음꽃을 피우고, 따뜻한 분위기를 만들어 줍니다.

예배 후 성도들이 "목사님 말씀에 은혜 많이 받았습니다. 목사님 최고세요!"라고 칭찬할 때, 목회자도 힘이 나고 교회 전체가 따뜻한 공동체로 변화됩니다.

직장에서도 직원들끼리 서로를 "멋지다." "참 잘했다."라고 칭찬한다면, 불평 대신 미소가 넘치는 직장이 될 것입니다.

4) 칭찬은 나를 위한 것

무엇보다 중요한 것은, 칭찬은 받는 사람뿐 아니라, 하는 사람도 행복하게 만든다는 사실입니다.

칭찬을 받고 활짝 웃는 상대방을 바라보면서, 나도 같이 미소 짓게 되고 행복합니다.

칭찬은 사랑의 표현이고, 행복의 씨앗입니다.

오늘도 가족에게 가까운 사람에게 칭찬 한마디 건네 보세요. 내가 한 작은 칭찬 한마디가 큰 행복이 되어 돌아올 것입니다.

칭찬하면 화목합니다

1) 칭찬은 사랑의 언어입니다

칭찬은 사랑과 격려로 힘나게 하는 말입니다.

칭찬을 받으면 경계심이 풀리고 마음의 벽이 허물어지면서 친밀감이 생깁니다. 사람과 사람 사이의 관계가 부드러워지고, 자연스럽게 화목한 분위기가 형성됩니다.

가정에서도 마찬가지입니다. 부부가 서로 칭찬하고, 자녀들에게 아낌없이 칭찬하면 큰소리 낼 일이 줄어들고, 가정이 저절로 화목해집니다.

직장에서도 상사가 직원을 칭찬하고, 동료들끼리도 서로를 존중하고 칭찬하면 사무실 분위기가 따뜻해지고 왕따, 뒷담화가 사라지고 협조적으로 바뀝니다.

2) 교회도 칭찬이 필요합니다

가장 화목해야 할 교회조차 갈등이 있습니다. 그 이유

중 하나는 지적과 비판에 익숙한 문화 때문입니다.

부정적인 면을 지적하기보다는 칭찬할 거리를 찾아 서로 격려하는 문화가 자리 잡는다면, 공동체 안의 갈등은 점점 사라지고, 교회는 더욱 화목하고 은혜로운 공동체가 될 것입니다.

성경은 이렇게 말씀합니다.

"모든 것이 하나님께로부터 났으며, 그가 그리스도로 말미암아 우리를 자기와 화목하게 하시고, 또 우리에게 화목하게 하는 직분을 주셨으니." (고린도후서 5장 18절)

'화목하게 하는 직분'이란, 우리가 어디에 있든 사람과 사람을 연결하고, 사랑과 평화를 이루는 역할을 감당하라는 뜻입니다.

그 사명을 어떻게 감당할 수 있을까요?

"화목합시다."라고 말한다고 화목해지는 것이 아닙니다. 그러나 칭찬을 해 보세요. 칭찬하면 저절로 화목이 따라옵니다.

칭찬은 다툼의 불씨가 사라지게하고, 마음과 마음을 이어 주는 연결고리가 되어 화목을 이루게 됩니다.

우리말에 "웃는 얼굴에 침 못 뱉는다."라는 속담이 있듯이 자기를 칭찬해 주는 사람을 비난하는 사람은 없을 것입니다. 그래서 칭찬하면 화목한 관계가 됩니다.

3) 예수님도 칭찬하셨습니다

예수님도 칭찬의 모범을 보이셨습니다.

백부장의 믿음을 칭찬하실 때 "이스라엘 중 아무에게서도 이만한 믿음을 보지 못하였노라."(마태복음 8장 10절)라고 말씀하셨고, 나다나엘에게는 처음 만난 자리에서 "이는 참으로 이스라엘 사람이라 그 속에 간사한 것이 없도다."(요한복음 1장 47절)라고 칭찬하셨습니다. 예수님께서 가나안 여인에게 자녀들의 떡을 취하여 개들에게 던짐이 마땅치 아니하다고 하자 가나안 여인이 "주여 옳소이다마는 개들도 주인의 상에서 떨어지는 부스러기를 먹나이다."라고 했습니다. 이때 예수님은 "여자여 네 믿음이 크도다. 네 소원대로 되리라."(마태복음15:25-28절)라고 칭찬하시고 축복하셨습니다.

예수님처럼, 우리도 상대를 있는 그대로 인정하고 칭찬을 아끼지 않으면 놀라운 일들이 일어납니다.

4) 율법의 말 vs. 은혜의 말

교회라는 그리스도인의 공동체 안에서도 갈등이 일어나는 이유는, 우리가 여전히 율법적인 언어와 사고방식에 익숙해 있기 때문입니다.

율법은 옳고 그름을 가르고, 죄를 지적하고 정죄합니다. 그래서 성경은 율법을 '죄와 사망의 법'이라 부릅니다.

하지만 우리가 구원받은 것은 율법을 잘 지켜서가 아니라, 예수 그리스도의 십자가에 죽으심과 부활을 믿음으로 말미암아 '생명의 성령의 법'이 우리를 죄와 사망의 법에서 해방시키고 자유하게 했기 때문입니다.

그렇다면 교회 안에서도 율법적인 잣대로 판단하고 정죄하기보다는 은혜로운 말, 즉 긍정적인 말, 칭찬하는 말, 사람을 살리는 말을 더 많이 하게 되면 갈등은 자연히 사라지게 될 것입니다.

5) 강단에서도 칭찬은 필요합니다

강단에서 목회자가 옳고 그름을 지적하는 말씀을 전하면, 성도들은 마음이 위축되고 불편할 수 있습니다. 내용적으로는 '옳은 말씀'일지라도, 은혜를 받지 못하고 마음을 닫게 됩니다.

한 주간 삶의 무게에 지친 성도들이 교회에 와서 힘과 위로를 얻고, 평안과 소망을 얻어야 합니다. 하지만 율법적인 설교는 성도들의 마음을 무겁게 만들고, 교회 문을 나서는 발걸음을 더욱 힘겹게 할 수 있습니다.

물론 책망의 말씀도 필요합니다. 하지만 그보다 더 자

주, 긍정적인 말씀, 복된 말씀, 격려하고 칭찬하는 말씀이 선포되어야 성도들의 기가 살고, 일상생활 속에서 자신감을 얻게 됩니다.

6) 칭찬이 화목을 이끕니다

시골 교회 한 목사님은 늘 소수의 성도들과 예배를 드렸습니다. 그러다 보니 자존감도 많이 떨어져 있었습니다.
어느 주일, 연세 많은 집사님이 조심스럽게 목사님께 말씀하는 것입니다.
"목사님, 오늘 설교 말씀… 제 가슴을 울렸습니다. 꼭 저에게 주신 말씀 같았습니다."
그날 밤, 목사님은 일기장에 이렇게 쓰셨습니다.
"하나님, 제가 이 길을 계속 가도 되겠지요?"
칭찬은 단지 위로가 아니라, 사명을 붙잡는 힘이 되었습니다. 그리고 집사님과 사이도 더 가까워졌습니다.

목회자가 성도들을 칭찬하고, 성도들이 예배 후 "목사님 말씀에 은혜받았습니다."라고 하며 칭찬하고, 성도들끼리 서로 "항상 따뜻하게 대해 주셔서 감사해요." "뵐 때마다 제게 힘이 됩니다."라고 말한다면, 그 교회는 저절로 은혜가 넘치고 화목한 교회가 될 것입니다.

칭찬은 축복의 말입니다

세상의 모든 일은 말로 이루어집니다.
사랑도 말로 표현되고, 사업도 말로 이루어집니다.
교육도 말로 전해지고, 복음도 역시 말로 전달됩니다.
행복과 불행도 말에서 나오고, 성공과 실패도 말에서 비롯됩니다.
이처럼 우리가 사용하는 말은 삶의 방향과 질을 결정짓는 중요한 도구입니다.

1) 말에는 생명력이 있습니다

말에는 두 가지 힘이 있습니다.
사람을 살리는 말, 그리고 사람을 죽이는 말. 하지만 우리는 종종, 내가 내뱉는 말이 상대방에게 어떤 영향을 주는지 깊이 생각하지 않고 말하곤 합니다.
그러므로 우리는 더더욱 사람을 살리고 세워 주는 말을 사용할 책임이 있습니다.
사람을 살리고 세워 주는 말이 바로 '칭찬'입니다.

2) 칭찬은 축복입니다

칭찬은 사람을 행복하게 만드는 사랑의 언어입니다.
칭찬은 지친 영혼에 새 힘을 불어넣는 능력의 언어입니다.
가정에서 "오늘 네가 설거지 도와줘서 고마웠어. 네가 있어 든든하다."라고 말하고, 교회에서 "형제님의 찬양 인도 덕분에 오늘 예배가 더 은혜로웠어요."라고 칭찬하고, 직장에서 "오늘 회의 때 아이디어 정말 좋았어요. 덕분에 흐름이 살았어요."라고 격려하며, 학교에서 "네 발표 준비 잘했더라. 진짜 네가 자랑스러워."라고 마음을 전해 보세요.
이런 칭찬 한마디가 사람의 마음을 풍요롭게 채우는 축복의 언어이며, 궁극적으로는 사람을 살리는 생명의 언어입니다.

3) 칭찬의 중요성을 몰랐습니다

어느 날, '칭찬 교육'이 있다는 광고를 보고 호기심에 등록하게 되었습니다. 그 전까지 저는 칭찬에 대해 배워 본 적도, 깊이 생각해 본 적도 없었습니다.
그런데 울산에서 서울까지 가서 칭찬을 공부하면서 '칭찬은 반드시 배워야 하는 삶의 기술'이라는 것을 알고 많은 사람들에게 칭찬의 중요성을 전해야 되겠다는 생각을 하게 되었습니다.

우리는 칭찬의 중요성을 잘 모르기 때문에 칭찬에 인색하고, 어떻게 칭찬해야 하는지도 모르고 때론 칭찬을 받아도 어떻게 받아들여야 할지도 모릅니다.

칭찬은 저절로 되지 않습니다.

교육과 연습이 필요하고, 습관이 되어야 합니다.

칭찬은 단순히 좋은 말이 아니라, 격려이고 사랑이며, 축복입니다.

4) 칭찬 문화가 필요합니다

칭찬의 중요성을 알게 된 이후, 저는 기회가 있을 때마다 강의하고, 방송하고, 신문 칼럼을 통해 칭찬의 가치를 전파했습니다.

우리 사회에 만연한 욕설과 비난의 언어를 격려와 칭찬의 언어로 바꾸고 싶다는 바람에서였습니다.

그리고 이 글 역시, 그 같은 마음으로 여러분에게 전하는 작은 외침입니다.

이 책을 읽는 독자님들을 통해 가정마다 교회마다 직장마다 칭찬하는 문화가 널리 퍼지기를 소망합니다.

5) 사랑하는 사람에게 칭찬하세요

　사랑하는 자녀에게 이렇게 말해 보세요. "너 참 잘하고 있어." "너는 소중한 사람이야." "너는 참 자랑스러워." 이 짧은 말들이 "너를 사랑해." "너를 축복해."라는 말과 같은 힘을 가지고 있습니다.

　아홉 살 딸아이가 그림을 그려서 아빠에게 보여 줬습니다. 평소 말이 적고 무뚝뚝한 아빠는 무심히 보다가 한마디 했습니다.

　"색깔이 참 예쁘네. 너 진짜 잘 그린다."

　그 한마디에 아이의 얼굴이 환하게 빛났습니다.

　그날 이후, 아이는 매일 아빠에게 그림을 보여 주며 말했습니다. "아빠가 칭찬해 줘서 나 그림 좋아졌어."

　그 아빠는 나중에 고백했습니다.

　"칭찬 한마디가 아이와의 거리도, 마음도 가까워지게 만들 줄 몰랐어요."

　칭찬은 마음과 마음을 이어 주는 사랑의 언어요, 축복의 언어입니다. 이 아름다운 언어로 사랑하는 가족들과 사랑하는 이웃들에게 칭찬의 말로 당신의 주변을 더 따뜻하고 행복하도록 만들어 보세요.

한국인에게 칭찬이 필요합니다

　요즘 세계 어디를 가도 한국 문화를 접하지 않고는 지나칠 수 없습니다. K-팝, K-드라마, K-푸드, K-뷰티 등 'K'로 시작되는 한국 문화는 이제 세계인이 사랑하는 콘텐츠가 되었습니다.

　전 세계인들이 한국어를 배우고, 한국을 방문하고 싶어 하며, 한국인의 감성과 정서를 이해하고자 노력하고 있습니다. 한국은 이제 단순한 소비 대상이 아닌, 문화와 감성을 수출하는 영향력 있는 나라로 성장했습니다.

1) 세계 속에서 빛나는 한국인

　해외에 나가 보면 한국인의 부지런함, 손재주, 열정, 지식수준은 어느 민족과 비교해도 뒤지지 않습니다. 특히 도전정신과 근면 성실함은 세계 어디서나 한국인을 두드러지게 만듭니다. 세계 어느 나라든 한국인이 없는 곳을 찾기 어려울 정도로, 한국인들은 세계 곳곳에서 활발하게 활동하며 영향력을 넓혀 가고 있습니다.

하지만 한 가지 아쉬운 점이 있다면, 한국인 특유의 치열한 경쟁심이 때로는 타인을 인정하지 않고 비난하는 태도로 나타날 때가 있다는 것입니다.

"사촌이 땅을 사면 배가 아프다."라는 말이 여전히 회자되는 문화는, 우리의 위대함을 가리는 그림자처럼 느껴지기도 합니다.

이제는 사촌이 땅을 사면 배가 아픈 것이 아니라 잘하는 것을 인정하고 박수 쳐 주고 칭찬하게 된다면 한국인은 단순히 '우수한 민족'을 넘어, 세계를 따뜻하게 품는 인류 공동체의 리더가 될 것입니다.

2) 칭찬이 한국인을 더 위대하게 만듭니다

한국인은 반만년의 역사를 지켜 낸 끈질긴 생명력을 가진 민족입니다. 외세의 침탈과 분단의 아픔 속에서도 자주성과 정체성을 잃지 않고 세계 속에서 독보적인 존재감을 드러내고 있습니다.

이제 우리는 서로를 향한 비난을 멈추고, 잘하는 것을 칭찬하고, 다름을 존중하며, 서로의 장점을 북돋워 주는 문화를 만들어 가야 할 때입니다.

어느 재일교포 사업가로 크게 성공한 사업가는 이런 말을 했습니다.

"일본 사람들이 내 손재주를 칭찬해 줬고, 성실하다고 인정해 줬기 때문에 나는 더 잘하고 싶었습니다."

칭찬이 능력이 되었고, 그 능력은 그 사람을 세계적인 기업가로 만들었습니다.

서로를 존중하고 칭찬할 때 한국인은 단순히 위대한 민족이 아니라, 서로를 빛나게 해 주는 품격 있는 민족으로 거듭날 것입니다.

칭찬의 정의

'칭찬'이란 사전적으로는 '좋다고 여겨서 말함' 또는 '좋다고 말함'으로 정의됩니다. 이는 곧 누군가의 행동이나 성과에 대해 긍정적인 평가를 하고, 그에 대해 좋은 말을 전하는 것이 칭찬이라는 뜻입니다.

하지만 진정한 칭찬은 단순히 겉으로 드러난 결과나 행동만을 언급하는 데 그치지 않습니다. 그 사람 안에 담긴 가능성과 잠재력을 발견하고, 그것을 격려와 믿음의 말로 이끌어 내는 것이 더욱 깊은 차원의 칭찬입니다.

즉, 칭찬은 상대방에게 "당신은 더 큰 것을 해낼 수 있다."라고 말해 주는 긍정의 힘이자, 마음의 응원인 셈입니다.

여러 나라의 언어에서도 칭찬은 기본적으로 행동, 성과, 성격 등에 대한 긍정적인 평가와 인정의 표현입니다.

✓ 영어(English)

'Praise'는 'to express approval or admiration of; commend; extol'로 정의되며, 누군가의 업적이나

특성을 칭찬하는 것을 의미합니다.

✓ 프랑스어(Français)

'Éloge' 또는 'Compliment'는 'exprimer son admiration ou son approbation'로 정의되며, 이는 존경이나 칭찬의 표현을 의미합니다.

✓ 독일어(Deutsch)

'Lob'는 'die positive Bewertung einer Person, Sache oder Handlung'로 정의되며, 사람, 사물, 행동에 대한 긍정적인 평가를 뜻합니다.

✓ 스페인어 (Español)

'Elogio' 또는 'Alabanza'는 'expresar una opinión favorable acerca de algo o alguien'로 정의되며, 이는 무언가 또는 누군가에 대한 긍정적인 의견을 표현하는 것입니다.

✓ 일본어(日本語)

'褒める(ほめる)'는 '人の行いや成績などをよいと認めて言う'로 정의되며, 이는 사람의 행동이나 성적 등을 좋다고 인정하는 것을 의미합니다.

다양한 문화에서 칭찬은 행동과 성과를 인정하는 표현으로 사용됩니다. 그러나 진정한 칭찬은 단순히 결과에 그치지 않고, 내면의 성장과 가능성을 인정하며 자신감을 키워 주는 것입니다.

칭찬은 단순한 말 이상의 효과를 가집니다. 사람들의 자존감을 높이고, 지속적인 동기를 부여하는 강력한 도구가 될 수 있습니다.

지금, 바로 칭찬을 실천해 보세요.

아내, 남편, 자녀, 동료에게 칭찬을 해 보세요. 그 반응을 통해 칭찬이 주는 긍정적인 효과를 바로 확인할 수 있습니다.

칭찬 교육이 필요한 이유

 사람은 칭찬을 받으면 기분이 좋아지고, 힘이 솟으며, 더 잘하고 싶은 마음이 생깁니다. 그로 인해 일에 보람을 느끼고 삶에 에너지가 넘치게 됩니다.

 누군가에게 칭찬해 주면, 상대의 얼굴이 환하게 밝아지고 웃음이 피어나며 행복한 모습을 볼 수 있습니다.

 '칭찬 박사'로 알려진 김기현 박사는 "지금 우리 사회는 배가 고픈 것이 아니라 칭찬이 고프다."라고 말합니다.

 누구나 칭찬받기를 원하지만, 정작 칭찬해 주는 사람은 많지 않고, 대부분 칭찬에 익숙하지도 않습니다.

 이는 우리 사회가 어릴 때부터 칭찬을 자주 받지 못했고, 또 어떻게 칭찬해야 하는지도 배우지 못했기 때문입니다. 그래서 누군가가 칭찬해 주면 민망해하고 어쩔 줄 몰라 합니다.

 무엇이든 처음부터 잘하는 사람은 없습니다.

 아기가 '엄마', '아빠'를 말하기까지 수많은 반복을 거치는 것처럼, 말과 행동 역시 반복적인 학습을 통해 익혀집니다.

 "사람은 죽을 때까지 배워도 다 배우지 못한다."라는 말이 있듯이 세상이 발전할수록 우리는 더 많은 것을 배워야 합니다.

　20여 년 전, '웃음치료사'라는 말도 없을 때, 신문에서 한국웃음연구소의 웃음 교육 광고를 보고 '웃음도 배워야 하나?' 하는 호기심에 서울로 2박 3일 교육을 받으러 간 적이 있었습니다.
　직접 강의를 듣고 하하하 웃는 연습을 하고 함께 웃으면서, 웃음 역시 배움이 필요하다는 것을 깨달았고, '웃음치료전문가 2급' 자격증을 받은 적이 있습니다.
　그 교육을 받은 후 웃는 연습도 하고 설교할 때 먼저 유머로 웃으며 마음을 열게 한 후 말씀을 전하고 유머 책을 구입해서 읽고 다양한 유머를 수집해 모임에서 분위기를 좋게 하려고 유머를 하면서 유머는 누구나 좋아한다는 걸 알게 되었습니다.
　그 일을 계기로 사람들에게 재미있는 유머를 읽게 하면서 자연스럽게 복음을 접하게 하면 좋겠다는 생각으로 《유머 에세이》라는 책도 출간하게 되었습니다.
　이처럼 한 번의 웃음 교육이 사람을 변화시켜 책을 쓰게 하고, 사람들에게 긍정적인 영향을 주었듯이, 칭찬도 교육을 통해 변화의 시작이 될 수 있습니다.
　처음에는 "칭찬은 그냥 하면 되지, 왜 공부까지 해야 하느냐?" 하는 생각이 들 수 있지만, 그 중요성을 알고 나면 칭찬 교육이 얼마나 필요한지 절실히 깨닫게 됩니다.

교육을 통해 누구나 칭찬을 잘하는 사람이 될 수 있습니다. 그렇다면 칭찬 교육은 왜 받아야 하는 걸까요?

1) 언어 순화를 위해

요즘 청소년들 사이에서는 욕이 일상 대화처럼 사용됩니다. 심지어 초등학생들도 분식집에서 음식을 먹으며 "J나 맛있네, ○발!"이라고 말하고, 이 같은 언어가 또래들 사이에서 일반화되고 있다고 합니다.

중고생들은 "○새끼들이 뒤질라고."라며 거친 언어를 쓰고, 수업시간에 엎드려 자는 남학생을 선생님이 깨웠다고 불만을 표현할 때도 "아 ○발, J나 깨우네." 같은 심각한 표현을 사용한다고 합니다.

이 정도면 단순한 말버릇이 나쁜 것이 아니라 명백한 언어폭력입니다.

여성가족부의 설문조사에 따르면, 청소년의 73.4%가 심한 욕을 사용하며, 〈추적 60분〉 프로그램에서는 68%의 청소년이 SNS에서 욕설 댓글을 달면서도 죄책감을 느끼지 않는다고 밝혔습니다.

욕설은 자신을 강하게 보이기 위한 수단이 되기도 하고, 스트레스 해소나 화풀이로, 또래 집단에서 왕따 당하지 않으려고 욕을 하고 드라마나 영화 대사에 비속어나 욕설을 모방하여 욕을 하기도 합니다.

휴가를 다녀온 군인이 동료들에게 "부모님과 대화 중에 욕이 나와 혼났다."라고 말했다는 일화가 있듯이, 욕은 우리 사회 곳곳에 깊이 자리 잡고 있습니다.

자녀들이 부모님 앞에서는 욕을 하지 않기 때문에 부모님들은 내 자녀들이 그렇게 심한 욕을 하는지 모릅니다.

문제는 어릴 때 욕이 습관이 되면 어른이 되어서도 습관적으로 욕이나 비속어가 나온다는 것입니다. 그들이 부모가 되면 자기도 모르는 사이에 자녀들에게도 나쁜 영향을 미쳐서 자녀들은 나쁘다는 생각 없이 욕이나 거친 말을 하게 되므로 언어순화가 필요합니다.

어른들 중에도 입만 열면 거친 말을 하는 이들이 있는데, 이 역시 어릴 적부터 형성된 나쁜 언어 습관 때문일 수 있습니다.

이런 상황에서 단순히 "욕하지 마라."라고 말해서 바뀌지는 않습니다. 오히려 칭찬 교육을 통해 언어의 소중함을 깨닫고, 욕설 대신 칭찬하는 문화를 확산시켜야 합니다. 언어순화를 위해 어린이부터 어른까지 전 세대에 걸쳐 칭찬 교육이 필요한 이유입니다.

2) 비난 언어를 바꾸기 위해

정치인들의 토론회나 선거 유세 현장을 보면, 자신의 장점이나 비전보다는 상대를 공격하고 비난하는 말이 주를 이룹니다. 상대를 인정하거나 존중하는 태도보다는, 마치 모든 약점을 다 들춰내어 비난하는 것이 곧 능력인 것처럼 강하게 몰아붙입니다.

대정부 질문이나 청문회에서도 마찬가지입니다. 연세가 지긋한 총리나 장관 후보에게 젊은 국회의원들이 예의 없이 몰아세우는 모습을 보면 불편함을 느낍니다.

그저 공격하고 흠집을 내려는 언어가 난무하고 서로를 깎아내리다 결국은 함께 파멸에 이른다고 성경은 이렇게 경고합니다.

"만일 서로 물고 먹으면 피차 멸망할까 조심하라."(갈라디아서 5장 15절)

남이 잘되는 꼴을 보지 못하는 정치인들을 풍자한 유머가 있습니다.

정치인 세 명이 해변을 걷다가 '게'를 잡는 어부를 만났습니다. 어부는 바위틈에서 게를 잡아 대나무 바구니에 넣고 있었습니다.

한 정치인이 바구니를 들여다보면서 말했습니다.

"여보시오 어부 양반, 뚜껑을 덮어야 도망가지 않을 텐데요."

그러자 어부는 웃으며 말합니다.

"뚜껑은 필요 없어요. 이 게들은 정치인들 같아서 한 놈이 올라가려 하면 다른 놈들이 그놈을 끌어내린답니다."

한 마리가 기어 올라가면 다른 게들이 그 게를 잡고 끌어내려서 결국 모두가 못 올라가게 되는 것을 '크랩멘탈리티(crab mentality)'라고 하는데, 남이 성공하는 꼴을 가만두고 보지 못하고 끌어내리는 심리는 정치인들뿐만 아니라 우리 사회 곳곳에 퍼져 있습니다.

성경에는 이렇게 말씀합니다. "형제들아 서로 비방하지 말라. 형제를 비방하는 자나 형제를 판단하는 자는 곧 율법을 비방하고 율법을 판단하는 것이라. 네가 만일 율법을 판단하면 율법의 준행 자가 아니요 재판관이로다."(야고보서 4장 11절)

우리는 모두다 하나님의 율법을 준행해야 할 사람이요 나라의 법을 지켜야 할 사람들인데 마치 자신이 재판관이나 된 것처럼 남을 비방하고 판단하려고 합니다.

성경은 남을 비판하면 그 비판이 부메랑이 되어 나에게로 돌아오기 때문에 비판하지 말라고 합니다.

"너희가 비판하는 그 비판으로 너희가 비판을 받을 것

이요 너희가 헤아리는 그 헤아림으로 너희가 헤아림을 받을 것이니라."(마태복음 7장 2절)

우리 사회를 보면 누구를 비판하면 비판받은 사람은 더 세게 비판하므로 악순환이 반복되는 것을 볼 수 있습니다.

그래서 남을 비난하고 비난받는 악순환의 고리를 끊고 서로를 존중하고 칭찬하는 문화로 바꾸기 위해 칭찬 교육이 필요합니다.

3) 칭찬하는 문화를 만들기 위해

사람은 누구나 칭찬받기를 좋아하지만, 정작 남을 칭찬할 줄 모르는 경우가 많습니다. 칭찬을 들으면 손사래를 치며 부정하거나 쑥스러워하는 이유는, 어려서부터 칭찬을 받아 본 경험이 많지 않기 때문입니다.

부모는 자녀에게 국어, 수학, 영어, 피아노, 태권도는 열심히 가르치지만, '칭찬하는 법'을 가르치는 경우는 드뭅니다.

가르치지 않으면 자연스럽게 생기지 않는 것이 바로 말의 습관입니다.

자녀들과 식탁에 앉아 식사를 할 때 남편이 아내가 만든 요리를 맛있다고 칭찬하면서 자녀들에게도 맛있으면 엄마에게 맛있다고 칭찬하게 하고 엄지척하도록 가르치고 자녀들이 심부름을 잘했을 때 "참 잘했어!" 하고 칭찬해 주면 어려서부터 칭찬하는 것을 배우게 되고 칭찬하고 칭찬받는 것이 자연스러워집니다.

한 중년 여성이 방송에 나와서 말하기를 "60년 평생, 남편에게 한 번도 사랑한다는 말을 들어 본 적이 없습니다."라고 했습니다.

우리 주변에는 이렇게 사는 부부들이 적지 않습니다. 유명한 가수 남진 씨도 TV 프로그램 〈미운 우리 새끼〉에 나와서 "결혼 45년 동안 아내에게 '사랑한다.'라는 말을 한 적이 없다."라고 고백했습니다. 마음으로 사랑하고 사랑의 노래는 많이 불렀지만 아내에게 말로 "여보, 사랑해."라고 하지 못했다고 했습니다.

많은 남편들이 "마음으로 사랑하면 되지, 굳이 말로 해야 하나?"라며 표현을 하지 못합니다. 하지만 아내는 사랑한다는 말을 듣고 싶고, 그 말 한마디에 행복해집니다.

남편들이 아내에게 사랑을 어떻게 표현해야 하는지, 사랑의 말을 어떻게 해야 하는지 배운 적이 없기 때문에 안 하다 보니 쑥스러워서 못 하는 것입니다.

칭찬도 마찬가지입니다.

칭찬은 사람의 얼굴을 빛나게 하고 칭찬은 사람을 변화

사키고 칭찬은 불가능을 가능하게 하는 능력이 있는데 쑥스러워 잘 못합니다.

칭찬도 교육과 훈련을 통해 익숙해질 수 있습니다. 세상에 저절로 되는 일은 없습니다.

말로 잘 안되면 우선 카톡이나 문자로 칭찬을 보내도 같은 효과가 있습니다.

아내에게 남편에게 자녀들에게 부모님에게 직장 동료들이나 아래 직원들에게 말로 칭찬하기 쑥스러우면 칭찬할 내용을 간략하게 적고 "멋지다." "훌륭하다." "최고다." "고맙다." 한마디를 붙이고 엄지척 이모티콘이라도 보내면 그 메시지를 받은 사람은 감동을 받습니다.

따뜻한 사회를 만들기 위해 칭찬 교육이 반드시 필요합니다.

칭찬은 유치원부터 학교, 교회, 관공서, 병원, 기업, 복지관 등 모든 곳에 필요합니다.

칭찬 교육을 받으면, 분위기가 좋아지고, 학업 성취도가 올라가며, 생산성이 향상되고, 화목이 이루어지고 가정이 행복해지는 효과가 있습니다.

모든 모임과 조직에서 칭찬이 자연스러워진다면, 욕설과 비난이 줄어들고, 존중과 인정이 넘치는 아름다운 사회로 변화될 것입니다.

칭찬의 효과

1) 칭찬은 자존감을 높여 준다

'자존감'은 자신을 존중하고 사랑하는 마음입니다. 이는 단순히 자신을 좋아하는 감정이 아니라, 존재 그 자체를 긍정하는 내면의 힘입니다. 이와 유사한 개념으로 '자신감'이 있는데, 이는 어떤 일을 자신의 능력으로 충분히 해낼 수 있다는 믿음을 말합니다. 자존감이 사람의 존재에 대한 인식이라면, 자신감은 행동에 대한 믿음이라고 할 수 있습니다.

자존감이 낮은 사람은 자신을 과소평가하기 쉽고, 도전 앞에서 주저합니다. 자신의 능력이나 재능이 있음에도 불구하고, 그것을 마음껏 펼치지 못합니다. 반면, 자존감이 높은 사람은 완벽한 실력을 갖추지 않았더라도 주어진 기회를 즐기며 기꺼이 도전합니다. 예컨대, 노래 실력이 그리 뛰어나지 않더라도 박수를 치며 노래를 청하면 당당히 마이크를 잡고 열창하는 사람이 바로 자존감이 높은 사람입니다. 반대로, 실제로는 노래를 잘하는데도 자신에 대한 확신이 부족하면 무대에 오르기를 두려워합니다.

비난과 비교, 끊임없는 지적 속에서 자란 사람은 점점 자존감을 잃고, 결국 자신감마저 무너집니다. 그러나 따뜻한 말 한마디, 진심 어린 칭찬은 사람의 내면을 밝히는 불씨가 되어 자존감을 회복시키고 삶에 용기를 더해 줍니다. 그래서 "칭찬은 고래도 춤추게 한다."라는 말처럼, 칭찬은 사람을 춤추게 하고 마음을 움직이는 강력한 동력이 됩니다.

심리학에서는 이러한 효과를 설명하는 개념으로 두 가지가 있습니다.

첫째는 낙인 효과(Labeling Effect)입니다.
"너는 안 돼." "넌 할 수 없어." "그건 네가 감당할 수 있는 일이 아니야." "네가 그것을 하면 내 손에 장을 지진다."와 같은 부정적인 언어는 사람의 마음에 '무능함'이라는 낙인을 남깁니다. 이처럼 반복적인 부정적 평가에 노출된 사람은 점차 스스로도 '나는 안 되는 사람'이라고 믿게 되며, 실제로도 의욕을 잃고 행동을 멈추게 됩니다. 이는 자기실현적인 예언처럼 결국 그 사람을 정말 무기력하게 만듭니다.

둘째는 피그말리온 효과(Pygmalion Effect)입니다.
"넌 잘할 수 있어." "조금씩 좋아지고 있어." "가능성이 충분해."와 같은 긍정적인 기대와 격려는 사람의 내면에 숨겨진 가능성을 자극합니다. 자신을 믿고 격려해 주는 목소리에 반응하여 노력하게 되고, 결국 그 기대에 부응하는 방향으로 성장하게 되는 것입니다. 칭찬은 바로 이 피그말리온 효과를 불러일으키는 촉진제입니다.

결국 칭찬은 단순한 말이 아닙니다. 그것은 사람의 마음에 희망을 심고, 자존감을 북돋우며, 잠재력을 현실로 이끌어 내는 힘입니다. 우리는 칭찬을 통해 누군가의 삶을 변화시킬 수 있습니다. 그리고 그 변화는 다시 사회 전체를 따뜻하게 만드는 에너지가 됩니다.

바보 온달과 평강 공주

고구려 시대의 전설적인 이야기인 바보 온달과 평강 공주 이야기는 《삼국사기》에 전해져 내려오는 유명한 설화입니다. 이 이야기는 겉보기에는 단순한 사랑 이야기처럼 보이지만, 그 안에는 칭찬과 격려가 사람의 삶을 어떻게 바꾸는지에 대한 깊은 교훈이 담겨 있습니다.

온달은 홀어머니를 모시며 살아가는 효심 깊은 아들이었습니다. 마음씨는 착했지만 어딘가 모자란 듯한 모습에 사람들은 그를 '바보 온달'이라 부르며 놀리곤 했습니다.

한편, 고구려의 임금에게는 눈물이 많은 평강 공주가 있었는데, 공주가 자주 우는 모습을 본 임금은 "계속 울면 바보 온달에게 시집을 보내겠다."라고 겁을 주며 공주의 울음을 그치게 하려 했습니다.

세월이 흘러 평강 공주가 시집갈 나이가 되었고, 혼처 이야기가 오가던 중 공주는 뜻밖에도 "저는 아버지께서 말씀하신 대로 바보 온달에게 시집가겠습니다."라고 말했습니다. 그 말을 들은 임금은 분노하여 딸을 궁에서 내쫓아 버립니다.

궁을 떠난 평강 공주는 곧장 바보 온달을 찾아가 그와 결혼하게 됩니다. 이후 평강 공주는 성실하고 효성 깊은 온달에게 밤에는 글을 가르치고, 낮에는 함께 일을 하며 활쏘기와 사냥을 배우게 했습니다. 그녀는 매일 온달에게 "참 잘했어요." "당신은 정말 훌륭해요." "이렇게 열심히 배우는 모습이 멋져요."라고 끊임없이 칭찬하고 격려했습니다.

이러한 공주의 응원과 믿음 덕분에 온달은 점차 학문과 무예 실력을 쌓아 가며 놀라운 성장을 이뤄 냈고, 훗날 사냥 대회에서 1등을 하며 임금에게도 인정을 받아 훌륭한 장군으로 거듭나게 됩니다.

만약 온달이 평강 공주를 만나지 않았다면, 그는 평생 '바보'로 놀림받으며 생을 마감했을지도 모릅니다. 그러나 평강 공주의 진심 어린 칭찬과 격려는 그를 완전히 다른 사람으로 변화시켰고, 마침내 '장군 온달'로서 역사에 이름을 남기게 만든 것입니다.

이 이야기는 우리에게 큰 교훈을 줍니다.

아이들이나 손주들이 무엇을 잘못한 것만 지적하고 야단치면, 아이들은 쉽게 주눅이 들고 자신감을 잃게 됩니다. 그러나 그 속에 숨어 있는 가능성과 장점을 발견하여 진심으로 칭찬해 주면, 자존감이 자라고 내면에 잠재된 능력이 꽃을 피우게 됩니다.

칭찬은 단순한 말이 아닙니다. 그것은 사람의 인생을 바꾸는 기적을 이루는 말입니다.

2) 칭찬은 사람을 빛나게 한다

지혜의 왕 솔로몬은 이렇게 말했습니다.

"도가니로 은을, 풀무로 금을, 칭찬으로 사람을 단련하느니라."(잠언 27장 21절)

금이나 은을 만들기 위해 광석을 도가니와 풀무에 넣어 고온으로 녹이면 불순물이 제거되고 순수한 광채를 내는 금과 은이 됩니다. 마찬가지로 사람을 정금같이 빛나는 존재로 변화시키는 데는 바로 '칭찬'이라는 불이 필요합니다.

많은 사람들은 '잔소리'나 '지적'이 사람을 변화시킬 수 있다고 믿습니다. 부모는 자녀에게, 아내는 남편에게, 상사는 직원에게 잦은 지적과 핀잔을 줍니다. 그러나 아무리 잔소리하고 바가지를 긁어도 상대는 변하지 않고, 오히려 마음을 닫아 버리기 쉽습니다.

솔로몬의 잠언에 이런 말씀이 있습니다.
"미련한 자를 곡물과 함께 절구에 넣고 공이로 찧을지라도 그의 미련은 벗겨지지 아니하느니라."(잠언 27장 22절)
이 말씀은, 아무리 공이로 찧듯이 사람을 책망하고 지적하고 잔소리를 해도 그 사람의 본질은 쉽게 바뀌지 않는다는 뜻입니다. 그러나 칭찬은 다릅니다. 사람의 마음을 열고, 태도를 변화시키며, 내면의 잠재력을 일깨웁니다.

때로 우리는 칭찬하면 버릇이 나빠질까 봐, 자만할까 봐 걱정합니다. 그래서 잘한 것은 외면하고 못한 점만 지적합니다. 하지만 이것은 오히려 역효과를 가져옵니다. 사람은 기가 죽고, 자존감이 낮아지며, 결국 반감과 반항심을 품게 되기 때문입니다.

칭찬은 사람 사이의 관계를 부드럽게 하는 윤활유입니다. 기계에 윤활유가 없으면 삐걱거리듯, 칭찬이 없는 관계도 갈등과 마찰로 삐걱거리게 됩니다.

벤 카슨 박사 이야기

미국 존스홉킨스 병원의 소아신경외과 전문의이자 '신의 손'이라 불리는 벤 카슨 박사 이야기는, 칭찬과 격려가 한 사람의 인생을 어떻게 바꾸는지를 보여 주는 감동적인 사례입니다.

벤 카슨 박사는 네 살 난 악성 뇌종양 환자와, 하루에 120번 이상 발작을 일으키는 만성 뇌염 환자의 수술을 성공적으로 집도하였습니다. 또 1987년에는 역사상 처음으로 머리가 붙은 샴쌍둥이, 벤저민과 패트릭 빈더 형제를 성공적으로 분리하여 세계적인 명성을 얻으면서 '신의 손'이라는 별명이 생겼습니다.

하지만 그의 어린 시절은 어두웠습니다. 디트로이트 빈민가에서 태어나, 여덟 살 때 부모의 이혼으로 홀어머니 밑에서 자랐습니다. 백인 아이들에게 따돌림을 당했고, 공부에는 전혀 흥미가 없었으며, 초등학교 5학년이 되도록 구구단도 외우지 못했던 아이였습니다. 학교 성적은 항상 꼴찌였고, 폭력과 분노에 휩싸인 불량소년이었습니다.

그런 아들을 변화시킨 건 어머니의 끊임없는 격려와 칭찬이었습니다. 어머니 쇼냐 카슨은 매일 아들에게 이렇게 말했습니다.

"넌 마음만 먹으면 무엇이든 할 수 있어! 노력만 하면 할 수 있어!"

그 단순한 말이 벤 카슨의 마음을 바꾸었습니다. 그는

중학교에 진학하면서 스스로 공부를 시작했고, 성적이 점점 오르면서 우등생이 되었습니다. 결국 고등학교를 수석으로 졸업하고, 미시간 대학교 의과대학에 진학하여 마침내 세계적인 의사가 되었습니다.

그의 어머니는 자녀의 부족한 현실이 아니라 내면의 가능성을 바라보았습니다. 그리고 미래의 모습을 향해 믿음의 말, 희망의 말, 칭찬의 말을 꾸준히 건넸습니다. 이것이야말로 최고의 교육이며, 최고의 칭찬입니다.

저자의 이야기

울릉도 시골 교회에서 어린이들을 가르치는 교사로 섬기던 시절이 있었는데 누구보다 열심히 설교를 준비하여 하나님의 말씀을 전하곤 했습니다. 그 당시에는 지금처럼 다양한 시청각 자료가 없었기에, 융판에 그림을 하나씩 붙여 가며 성경의 사건들을 아이들의 눈높이에 맞춰 이해하기 쉽도록 잘 전하려고 노력했던 기억이 생생합니다.

한번은 여름성경학교 기간에 말씀을 전하고 있을 때였습니다. 마침 그날은 목사님들을 대상으로 기독교 도서를 방문 판매하던 한 선생님이 육지에서 들어오셔서 우리 교회를 찾아왔고, 자연스럽게 예배에 참석하게 되었습니다. 예배가 끝난 후, 그분이 제게 다가와 환하게 웃으며 이렇게 말씀하셨습니다.

"선생님은 말씀을 참 잘 전하십니다. 목사님이 되셔도 될 것 같아요." 저는 너무 쑥스러워 웃으며 "아닙니다."라고 대답했지만, 그 칭찬은 제 마음 깊은 곳을 따뜻하게 밝혀 주었습니다. 그 한마디가 제게 얼마나 큰 격려가 되었는지 모릅니다. 어쩌면 그 칭찬이 제 안에 잠들어 있던 사명을 일깨운 계기가 되었는지도 모르겠습니다.

목사님의 권면으로 목회자가 된 이후에도 저는 늘 말씀을 정성껏 준비하며 자신감을 가지고 설교에 임했습니다. 그 덕분인지 "설교에 큰 은혜를 받았다."라는 말을 자주 들었고, 무엇보다 제 아내는 이런 고백을 자주 들려주었습니다.

"설교 잘하시는 유명한 목사님들 많지만, 나는 당신 설교에 가장 큰 은혜를 받아요."

아내의 진심 어린 칭찬은 제게 무엇과도 바꿀 수 없는 큰 힘이 되었습니다. 그 칭찬의 말이 제 발걸음을 더욱 힘차게 만들었고, 라디오 방송 설교도 하였고 전국으로 방송되는 CTS 텔레비전 방송에서 말씀을 전하는 사역도 하고, 초교파 목회자 세미나를 수년간 인도할 수 있는 은혜까지 누리게 되었습니다. 이것이 칭찬의 힘이 아닐까 생각합니다.

칭찬은 사람을 빛나게 합니다.

자녀가 공부를 잘 못한다고, 잘하는 것이 없다고 기죽이지 마십시오. 지금은 부족해 보일지라도, 그 속에는 무한

한 가능성과 보석 같은 재능이 숨어 있습니다. 그 가능성을 바라보고 칭찬하고 격려하면, 자녀는 빛나는 존재로 성장할 것입니다.

칭찬으로 고래를 춤추게 하듯이 사람도 칭찬 한마디에 웃고, 마음이 열리고, 인생이 바뀔 수 있습니다.

지금 이 순간 옆에 있는 사람에게 진심 어린 칭찬 한마디를 건네 보세요.

그 사람의 얼굴이 환하게 빛나지 않습니까?

자녀의 인생을 빛나게 하고 싶다면, 배우자의 삶에 온기를 더하고 싶다면, 오늘부터 따뜻한 칭찬을 아끼지 마십시오. 직원의 능력을 끌어내고 싶다면, 그들의 노력을 진심으로 인정해 주고 칭찬해 주십시오.

내가 건네는 칭찬 한마디가, 누군가의 인생을 빛나게 만드는 시작이 될 수 있습니다.

3) 칭찬은 행복한 가정을 만든다

성경에는 한 아름다운 가정의 이야기가 등장합니다.

아내는 부지런히 옷을 지어 팔고, 가족을 위해 음식을 준비하고 살림을 챙기며, 자녀를 잘 양육하고 남편을 존중하며 내조합니다.

그러자 자녀들은 어머니를 존경하며 감사하고, 남편은

말합니다.

"덕행 있는 여자가 많으나 당신은 그 모든 여자보다 뛰어나도다."(잠언 31장 27-29절)

이 말은 "세상에 예쁘고 살림 잘하는 여자가 많지만, 당신이 최고야."라는 진심 어린 칭찬입니다.

이런 말을 듣는 아내는 얼마나 행복하겠습니까? 사랑하는 사람의 칭찬은 마음에 깊은 감동을 주고, 삶의 에너지가 됩니다. 그 행복한 마음이 다시 가족을 더 잘 돌보게 하고, 가정은 점점 더 사랑으로 충만한 공간이 됩니다.

부모가 자녀를 칭찬하고, 남편이 아내를 칭찬하고, 아내가 남편을 칭찬하는 가정. 서로를 인정하고 존중하는 말이 오가는 집이야말로, 진정한 행복의 보금자리입니다.

그러나 현실에서는 이런 말보다 상처 주는 말이 먼저 튀어나오는 경우가 많습니다. 자녀가 공부가 부족하거나 기대에 미치지 못한다고 "넌 누구 닮아서 이러니?" "돌대가리야!" "그것밖에 못 해?" 하면서 무시하고 비난하는 말은 자녀의 마음에 상처를 주고 자존감을 무너뜨립니다.

남편이 아내에게 "음식이 짜다, 싱겁다, 왜 이래?"라고 지적하거나, 아내가 남편에게 "그러면 그렇지, 당신은 제대로 하는 게 없어."라고 말하면 가정 안에는 냉기만 맴돌고 행복은 설 자리를 잃습니다.

✔ 말 한마디가 천국도, 지옥도 만든다

어느 날 아내가 시장에 갔다가 큰맘 먹고 옷 하나를 샀습니다. 저녁에 남편에게 "이거 오늘 할인해서 샀는데 어때?"라고 물었을 때, 남편이 "그게 옷이야? 물건 고를 줄 모르네."라고 반응한다면?

기분이 상한 아내는 이렇게 말할지도 모릅니다. "내가 물건 고를 줄을 모르니 당신 같은 사람을 골랐지!"라고 하면 말 한마디로 가정은 순식간에 지옥이 됩니다.

반대로 남편이 이렇게 말했다면 어떨까요?

"당신은 뭘 입어도 예뻐. 백화점 가서 좋은 옷 하나 사지 그랬어?"

그 말 한마디에 아내 얼굴에 웃음꽃이 피고, 집 안은 천국이 됩니다.

칭찬은 마음의 햇살입니다. 서양 사람들은 작은 일에도 자주 칭찬을 합니다. "Wonderful!" "Beautiful!" "Excellent!" 같은 표현과 함께 엄지손가락을 들어 보이며 격려를 아끼지 않습니다.

하지만 우리는 "사촌이 땅을 사면 배가 아프다."라는 속담처럼, 남의 잘됨을 축하하기보다는 시샘하는 문화가 아직 남아 있습니다.

그러나 이제는 달라져야 합니다.

남이 땅을 사면 "축하해, 잘됐네!"라고 말하고, 가족이 잘했을 때는 아낌없는 칭찬을 건넨다면, 칭찬하는 사람도 행복하고, 듣는 사람도 행복하며, 가정 전체가 따뜻해집니다.

✔ 작은 칭찬이 큰 변화를 만든다

아이가 시험을 쳐서 50점을 받아 왔습니다.

이때 "이게 점수야? 공부는 안 하고 뭐 했니?"라고 꾸짖는 대신, "수고했어. 조금만 더 노력하면 60점도 맞을 수 있겠네. 잘했어."라고 말해 보세요. 아이는 혼날 줄 알았던 상황에서 오히려 위로를 받고, 마음이 평안해지며 더 열심히 하려고 할 것입니다.

남편이 친구들과 어울리다 새벽에 들어왔습니다.

"지금 몇 시야? 정신 좀 차려!"라고 소리를 지르면 일시적으로는 속이 시원할지 몰라도, 남편의 마음엔 변화가 없습니다.

하지만 이렇게 말한다면 어떨까요?

"무사히 들어와서 다행이에요. 다음엔 기다리는 사람 생각해서 조금만 일찍 들어오세요." 이 따뜻한 말은 남편의 양심을 울리고, 스스로를 돌아보게 하며 변화의 출발점이 됩니다.

가정은 서로의 단점을 고치는 곳이 아니라, 서로의 장점을 발견하고, 격려하며, 함께 성장하는 곳입니다.

오늘, 가장 가까운 가족에게 칭찬 한마디 건네 보세요.

"오늘도 고생 많았어요." "당신이 있어 내가 든든해요." "넌 참 멋진 사람이야."

그 말 한마디가, 가족의 하루를 빛나게 하고 가정을 따뜻한 천국으로 바꿀 수 있습니다.

4) 칭찬은 성공의 비결이다

칭찬은 사람의 마음을 움직이고, 그 사람의 가능성을 열어 주는 놀라운 힘이 있습니다.

긍정적인 말 한마디가 자존감을 키우고, 잠재력을 끌어올리며, 결국 성공으로 이끄는 에너지가 됩니다.

토미 라소다 감독 이야기

박찬호 선수가 "미국의 양아버지"라고 불렸던 토미 라소다 전 LA다저스 감독은 선수 시절 큰 성과를 내지 못했던 투수였습니다. 하지만 감독이 된 그는 연속 2년 팀을 우승으로 이끌며 미국 야구계의 전설이 되었습니다.

그의 성공 비결 중 하나는 바로 '칭찬'이었습니다.

선수가 안타를 치면 "이번엔 공이 정말 빨랐는데도 잘 쳤어! 아주 좋았어."라며 늘 칭찬할 거리를 찾았고, 이러한 긍정적 피드백은 선수들의 잠재력을 끌어내며 팀 전체의 성과로 이어졌습니다.

결국, 그는 칭찬으로 리더십을 발휘한 위대한 지도자가 되었습니다.

차홍 헤어디자이너 이야기

'청담동 매출 퀸'으로 불리는 헤어디자이너 차홍(본명 김효숙) 씨는 처음에는 내성적이고 소심한 성격 탓에 손님과의 대화가 어려웠다고 합니다.

그러던 중 TV에서 오프라 윈프리가 "칭찬은 최고의 소통"이라고 말하는 것을 듣고, 손님에게 한 가지씩 칭찬을 시작했습니다.

"오늘 옷이 정말 잘 어울리시네요."

"피부가 너무 좋으세요."

이렇게 진심 어린 칭찬 한마디가 손님의 마음을 열었고, 소문이 나면서 단골이 늘고, 지금은 미용, 화장품, 방송, 강연까지 성공한 CEO로 자리 잡았습니다.

작은 칭찬이 큰 성공으로 이어진 대표적인 사례입니다.

히딩크 감독 이야기

2002년 한일 월드컵에서 대한민국을 4강으로 이끈 히딩크 감독. 그는 선수들에게 꾸짖기보다 칭찬을 아끼지 않았던 감독으로 유명합니다.

전 국가대표 김남일 선수는 KBS 〈아침마당〉 방송에서, "감독님은 실수를 지적하기보다 진심으로 칭찬을 해 주셨고, 그 말들이 운동장에서 더 열심히 뛸 수 있는 힘이 되었다."라고 회상했습니다.

그의 리더십 중 하나는 바로 '칭찬 중심의 지도'였고, 그 칭찬이 선수들의 잠재력을 폭발시킨 한국 축구 역사상 최고의 성과로 이어졌습니다.

피아니스트 백혜선 이야기

세계적인 피아니스트 백혜선은 예원고등학교 입학 후, 서울의 뛰어난 학생들 사이에서 성적이 낮아져 "너 때문에 반 전체 성적이 떨어진다."라는 말까지 듣는 존재가 되었습니다.

하지만 미국 보스턴의 고등학교에 유학을 가면서 상황이 달라졌습니다. 한국에서의 수학 실력이 미국 학교에서는 뛰어난 수준이었고, 선생님들은 그녀에게 "넌 정말 똑똑하구나!"라고 칭찬을 아끼지 않았습니다.

미국이라는 칭찬 중심의 문화 속에 살면서 한국에서 유학 온 학생이 수학도 잘하고 공부를 잘하는 천재인 것처럼 칭찬을 많이 받으면서 자존감을 되찾고 자신감을 얻었고, 이는 그녀가 세계적인 피아니스트가 되는 데 밑거름이 되었습니다.

《아기공룡 둘리》의 김수정 작가 이야기

《아기공룡 둘리》로 유명한 김수정 작가는 칠 남매 중 막내로 태어나 어릴 때부터 그림 실력이 뛰어나 상을 자주 받았습니다.

그럴 때마다 아버지는 상장을 시장 골목에 붙여 놓고 사람들에 자랑하며 "우리 아들 대단하지요?"라고 칭찬을 아끼지 않았습니다.

그 칭찬은 아들의 자존감을 키우고 꿈을 꾸게 하는 영양분이 되었고, 서울로 가서 공부하여 결국 그는 우리나라를 대표하는 만화가가 되었습니다.

✔ 심리학도 증명한 '칭찬의 힘'

행동주의 심리학자들은 말합니다.

"칭찬은 최고의 인간경영 기술이다."

아기가 울 때만 반응하면 계속 울며 관심을 끌려 합니

다. 하지만 잘 놀고, 조용할 때 칭찬해 주면 아이는 안정되고 긍정적인 행동을 반복하게 됩니다.

벌을 주기보다는 칭찬하고 보상하는 것이 훨씬 효과적입니다.

✅ 기업들도 실천하는 '칭찬 경영'

최근 많은 기업들이 '칭찬 경영'을 실천하고 있습니다.

"일류 기업은 상대방의 장점을 찾으려 노력하고, 삼류 기업은 상대방의 결점을 찾으려 한다." 이 말처럼 칭찬은 조직의 성공, 구성원의 성장, 리더의 리더십을 완성하는 열쇠입니다.

성공 뒤에는 누군가의 '칭찬'이 있었습니다.

지금의 나를 만든 건, 누군가의 따뜻한 한마디일지 모릅니다. 누군가가 믿어 주고, 칭찬해 주었기에 나는 여기까지 올 수 있었습니다.

칭찬은 단순한 말이 아닙니다. 그 사람의 미래를 여는 열쇠이자, 성공의 가장 확실한 비결입니다.

5) 칭찬은 잠재력을 극대화시킨다

칭찬은 펌프에 마중물을 붓는 것과 같습니다. 마치 묻혀 있던 가능성에 불을 지피듯, 사람의 내면에 잠들어 있는 잠재력을 일깨우는 강력한 촉매제입니다.

뇌 과학자들에 따르면, 인간의 뇌는 약 150g의 무게에 140억 개의 뇌세포를 가지고 있지만, 대부분의 사람들은 그 능력을 일부만 사용하고 인생을 마친다고 합니다.

그러니 140억 개의 뇌세포 중에 발견하지 못한 천재성이 있을지도 모릅니다. 그리고 사람은 하나님의 형상대로 지음받은 존재로서 무한한 가능성과 잠재력을 지니고 있으며, 그 잠재력을 깨우는 가장 위대한 도구 중 하나가 바로 칭찬입니다.

저는 어렸을 때는 글을 잘 쓴다는 칭찬을 들은 적도 없고 글 쓰는 사람이 될 줄 몰랐습니다. 목회자가 되면서 글을 쓰게 되었고 쓰다 보니 책을 다섯 권째 출판하는 작가가 되었고 시인이 되었습니다. 아마도 어렸을 때 발견하지 못한 글 쓰는 재능을 어른이 되어서 발견한 것이 아닌가 생각합니다. 자녀들 손주들을 칭찬해 주세요. 잠재력이 깨어납니다.

✓ 로젠탈 효과의 실험

미국의 심리학자 로젠탈 교수는 초등학생을 대상으로 흥미로운 실험을 진행했습니다. 그는 학생들에게 IQ 테스트를 실시한 뒤, 실제 결과와는 상관없이 무작위로 몇 명을 선정해 이들을 "뛰어난 아이들"이라고 교사와 친구들 앞에서 칭찬했습니다.

1년 후, 같은 학생들을 다시 테스트해 보니 칭찬받은 아이들의 IQ가 눈에 띄게 상승한 것을 확인할 수 있었습니다. 단지 "머리가 좋다."라는 칭찬 한마디가 자존감을 높이고 학습 동기를 자극해 실제 성장을 이끌어 낸 것입니다.

반대로 "멍청한 놈." "바보야!" 같은 부정적인 말은 잠재력을 위축시키고, 도전할 의지를 꺾게 만듭니다. 그러나 "잘했어!" "넌 뭔가 특별해." "네 노력을 누구도 따라올 수 없어." 같은 칭찬은 내면의 가능성을 끌어올리는 불씨가 됩니다.

✔ 긍정적인 자아상을 만드는 마법의 언어

칭찬은 단순한 말이 아니라 긍정적인 자아상을 만드는 마법의 언어입니다.

"넌 도대체 잘하는 게 뭐냐?" "어디 마음에 드는 데가 있냐?"와 같은 말은 아이의 자아상에 부정적인 그림자를 드리웁니다. 하지만 "수고했어." "역시 너답다." "믿을 만해." 같은 말은 아이가 스스로를 가치 있는 존재로 느끼게 하며, 잠재력을 개발하는 원동력이 됩니다.

켄 블랜차드의 책 《칭찬은 고래도 춤추게 한다》에서도 밝혔듯, 돌고래에게 불가능한 묘기를 가르치는 핵심은 칭찬에 있습니다. 칭찬은 가능성을 현실로 이끄는 언어입니다.

✅ 칭찬의 기적을 경험한 사람들

빌리 그레이엄의 할머니

20세기 최고의 부흥사로 손꼽히는 빌리 그레이엄 목사는 어린 시절 동네에서 '문제아'로 통했습니다.

사람들은 "쟤는 커서 뭐가 되려고 저렇게 장난만 치냐?" 하며 혀를 찼지만, 할머니만큼은 늘 이렇게 말씀하셨습니다.

"너는 사람을 끌어당기는 말재주가 있어. 크게 될 아이야." 할머니의 그 격려는 빌리 그레이엄을 세계적인 설교가로 이끄는 믿음의 씨앗이 되었습니다.

안데르센과 어머니

덴마크의 유명 동화작가 안데르센은 어린 시절 글솜씨가 형편없다는 평가를 받았고, 친구들에게 글을 보여 주었다가 조롱을 당한 적도 있었습니다.

하지만 그의 어머니는 이렇게 말했습니다.

"지금은 꽃봉오리가 피지 않았을 뿐이야. 언젠가는 반드시 아름다운 꽃이 될 거야."

어머니의 격려는 그를 《인어공주》, 《미운 오리 새끼》, 《성냥팔이 소녀》 등 수많은 걸작의 주인공인 안데르센을 만든 원동력이 되었습니다.

헨리 포드와 에디슨

자동차 왕 헨리 포드는 처음 자동차 엔진 개발을 시도했을 때 전문가들의 비웃음을 샀습니다.

그러던 중 발명가 토머스 에디슨이 그의 설명을 듣고 책상을 치며 외쳤습니다.

"이건 걸작이야! 자네는 이미 성공한 거나 다름없네."

수년 뒤, 포드는 이렇게 회상했습니다.

"그 순간, 나는 세상을 모두 얻은 기분이었어요."

한마디의 격려가 인생을 바꿨던 순간이었습니다.

자녀들이나 청소년들, 젊은이들에게 아낌없는 칭찬과 격려의 말을 해 주면 그들 안에 잠재력이 깨어나 모두에게 놀라운 변화를 일으킵니다.

✓ 칭찬의 효과

1. 긍정적인 감정과 행동을 유도합니다.
2. 소속감과 직무 만족도가 올라갑니다.
3. 성과가 꾸준히 유지됩니다.
4. 조직 내 활력이 살아납니다.
5. 사고와 위험을 줄입니다.
6. 학습 효과를 높일 수 있습니다.
7. 화목한 분위기를 조성합니다.

아무리 비싼 향수도 뿌리지 않으면 향이 나지 않듯, 아무리 훌륭한 칭찬이라도 말로 표현하지 않으면 아무런 효과도 없습니다.

칭찬은 생각만 해서는 안 되고, 반드시 실천해야 할 사랑과 기적의 언어입니다.

칭찬 잘하는 방법

　어느 기관에서 진행한 조사에 따르면, "나에게 상처를 주거나 고통을 준 사람은 누구인가?"라는 질문에 대해 응답자의 40.7%는 아버지, 32.1%는 어머니, 27.2%는 집안 식구라고 답했습니다. 이 통계는 많은 사람에게 충격을 주었고, 가족이라는 존재가 사랑과 용기를 주어야 할 사람임에도 불구하고 상처와 고통을 주는 사람이 될 수 있다는 사실을 다시 한번 생각하게 만듭니다.

　가족이라서 더 편하고, 이해해 줄 것이라는 생각에 우리는 종종 인격을 존중하지 않고, 예의 없는 말을 툭툭 던질 때가 있습니다. 이런 말들이 상대방에게 큰 상처를 주고, 부정적인 자아상을 만들 수 있습니다. 그러나 상처를 주는 것도 말이고, 상처를 치유하는 것도 말입니다.

　사랑의 말은 상처를 치유하고, 마음도 몸도 건강하게 만듭니다. 그런데 많은 사람들이 가족 간에 "사랑해"라는 말을 제대로 하지 못한다고 말합니다. 그렇다면, 우리는 그 말을 어떻게 해야 할까요?

자녀들에게는 "나는 너를 사랑한다." "나는 너를 믿는다." "나는 네가 자랑스럽다."라고 직접 말해 주어야 합니다. 말로 표현하기가 쑥스러워도, "여보, 오늘 찌개 진짜 맛있어요. 당신 솜씨가 최고야!" 또는 "당신은 대단한 사람이야, 멋있어요!"라는 칭찬은 그 자체로 사랑을 표현하는 방법입니다. 자녀들에게는 "우리 아들은 뭐든지 적극적이야." "우리 딸은 매사가 깔끔해."와 같은 칭찬을 아낌없이 해 주세요. 이런 칭찬을 듣는 것만으로도 "사랑해"라는 말을 듣는 것과 같은 진한 사랑을 느끼게 됩니다.

"사랑해"라는 말을 잘 못하더라도, 칭찬은 사랑한다는 말과 같은 효과를 줍니다. 칭찬은 단순히 상대방에게 긍정적인 영향을 미칠 뿐만 아니라, 칭찬을 한 사람 자신도 기분이 좋아지게 만듭니다. 그러나 많은 사람들이 칭찬을 어떻게 해야 할지 몰라서 주저하는 경우가 많습니다.

그럼 이제 칭찬을 잘하기 위한 기준과 원칙을 알아보겠습니다.

1) 진심으로 칭찬하라

누가 봐도 미인이 아닌 사람에게 "참 미인이시네요." 또는 아파서 병원에 다녀온 사람에게 "건강해 보입니다."라고 말하는 것은 칭찬으로 들리지 않습니다. 칭찬은 그 사람에게 맞는 진심 어린 말로 해야 효과가 있습니다.

진심 어린 칭찬은 상대방에게 긍정적인 영향을 주며, 칭찬을 한 사람도 좋은 기분을 느끼게 합니다.

2) 칭찬거리를 먼저 찾아라

"칭찬합시다!"라고 하면 어떤 사람들은 "뭐 잘하는 게 있어야 칭찬을 하지!"라고 반응할 수 있습니다.

하지만 아무리 못하는 사람이라도 잘하는 점이나 좋은 점은 분명히 있습니다. 그 사람이 만족스럽지 않더라도, 잘하는 점을 찾아 칭찬하면 그 사람은 점차 자기 잠재력을 일깨워 더 잘하게 됩니다. 그러면서 점점 칭찬할 것이 많아지는 사람이 될 것입니다.

3) 구체적으로 칭찬하라

월드컵 4강 신화를 이룬 히딩크 감독은 선수들을 훈련시킬 때 각 선수를 유심히 살펴보고 "넌 정신력이 훌륭하다." "넌 투지력이 뛰어나."라고 구체적으로 칭찬했다고 합니다.

"너는 동생의 마음을 잘 헤아리며 돌봐 주는구나." "당신이 일찍 들어오니 너무 멋져요." "부모님을 잘 챙기는 당신의 마음이 참 예뻐요."와 같이 구체적으로 칭찬하는 것이 중요합니다.

두루뭉술하게 칭찬하면 상대방은 무엇 때문에 칭찬받는지 알 수 없어 감동을 주지 못합니다.

4) 공개적으로 칭찬하라

꾸중이나 책망을 할 때는 개인적으로 조용히 하는 것이 좋고, 칭찬은 사람들 앞에서 공개적으로 하는 것이 효과적입니다.

예를 들어, 남편 앞에서 "여보, 오늘 영철이가 산수 시험을 정말 잘 봤어요." 또는 "영아가 엄마 청소하는 걸 잘 도와주었어요."라고 칭찬하거나, 친정 식구들 앞에서 "김 서방이 토요일마다 청소기를 꼭 돌려 줘요."라고 말하는 것이 좋습니다.

이처럼 공개적으로 칭찬하면 칭찬받은 사람은 인정받는 기분을 느끼고, 다른 사람들에게도 긍정적인 영향을 미칩니다.

5) 그때 즉시 칭찬하라

"지난번에 고마웠어요."라고 말하는 것보다는 칭찬할

일이 있을 때 바로 "오늘 이렇게 도와주시니 너무 멋져요, 최고예요!"라고 칭찬하는 것이 훨씬 효과적입니다.

칭찬을 받는 사람은 자신이 무엇을 잘했는지 깊이 기억하게 되고, 사람은 누구나 칭찬을 받으면 그 일을 더 잘하려고 노력하게 됩니다.

6) 재능보다 노력을 칭찬하라

타고난 재능은 사람마다 다릅니다. 그렇기 때문에 타고난 재능보다 작은 성과라도 노력하여 이루어 낸 결과에 대해 칭찬하는 것이 더 효과적입니다.

예를 들어, "머리는 타고났어요."보다는 "당신의 성실과 노력은 누구도 따라갈 수 없어요."라고 칭찬하는 것이 좋습니다.

대부분 사람들은 결과만 보고 칭찬하지만, 열심히 노력한 과정을 인정하고 칭찬하면 그 사람이 더 발전하고 성장할 수 있습니다.

"합격했다니 대단해!"도 좋지만, "그동안 힘든 고비를 다 넘기고 합격했으니 대단해!"라고 말하며 그 과정을 칭찬하면, 그 어려운 과정을 다시 되새기며 감사함을 느끼게 됩니다.

7) 잘 안될 때 더 칭찬하라

일이 잘 안 풀리거나 힘든 상황에서는 짜증을 내거나 못한다고 나무라면, '낙인 효과'가 나타나며 그 사람은 더 못하게 될 수 있습니다.

그러나 잘 안되는 것도 괜찮다고 말하며, "처음엔 다 그런 거야." "잘하고 있어, 이번 고비만 넘기면 잘될 거야."라고 칭찬하면, '피그말리온 효과'가 나타나 그 사람은 더 열심히 하게 됩니다.

8) 스스로를 칭찬하라

자기 자신을 과도하게 추켜세우거나 지나치게 자아도취에 빠지는 것은 좋지 않지만, 적당히 자신을 칭찬하면 자존감이 생기고 남들에게 자신의 장점을 어필할 수 있습니다.

"이번에 정말 잘했어, 멋졌지?"라고 칭찬하며 자신을 긍정적으로 바라보는 것이 중요합니다.

성경에는 "하나님이 지으신 그 모든 것을 보시니 보시기에 심히 좋았더라."(창세기 1장 3절)라는 말씀이 있습니다. 이 말씀을 현대어 성경에서는 "하나님이 자기가 창조한 것을 보시니 모든 것이 아주 훌륭하였다."라고 번역합니다.

예술가가 자신이 만든 작품을 보고 "아주 훌륭하다."라고 칭찬하는 것과 마찬가지로, 자신이 내린 선택이나 결정에 대해 스스로 "탁월한 선택이었다." "좋은 결정이었다."라고 칭찬하는 것은 매우 중요합니다.

9) 부작용 없는 칭찬을 하라

모든 사람에게 칭찬이 필요하고 칭찬은 사람을 변화시키는 원동력이 되지만, 어떤 사람에게는 칭찬이 부작용을 일으킬 수도 있습니다.

칭찬을 듣고 자신이 다 잘하는 사람인 줄 착각하며 자만심에 빠지거나, 칭찬을 받을 때 겸손하지 않은 사람에게는 칭찬이 오히려 해가 될 수 있으니 적당히 칭찬하는 것이 중요합니다.

10) 소유보다 능력을 칭찬하라

"미인이십니다."라고 칭찬하는 것도 좋지만, "웃는 모습이 정말 매력적입니다."라고 칭찬하는 것이 더 좋습니다. 얼굴은 타고나지만, 웃는 모습은 자신의 노력과 능력의 결과이기 때문입니다.

"넥타이가 참 멋있어요."보다는 "역시 감각이 뛰어나세요."라고 능력이나 감각을 칭찬하는 것이 더 효과적입니다.

"집이 정말 멋지네요."보다는 "가구 배치나 정리 감각이 탁월하시네요."라고 사람의 능력이나 감각을 칭찬하는 것이 더 좋은 칭찬입니다.

4단계로 칭찬하기

앞장에서 소개한 칭찬하는 방법 10가지를 반복적으로 읽어 기억해 두고, 실제로 사람들을 만날 때 칭찬을 시도하면 좋은 반응을 얻을 수 있습니다. 그러나 칭찬의 대상은 처음 만난 사람도 있고, 가끔 만나는 사람, 그리고 가족, 회사 직원, 학교 친구처럼 매일 만나는 사람들도 있을 것입니다.

따라서 칭찬은 4단계로 나누어 점진적으로 하는 것이 효과적입니다.

1) 1단계: 물건이나 사물을 칭찬하라

처음 만났거나 잘 모르는 사람에게는 상대방의 외모나 스타일을 칭찬하는 것이 좋습니다. 예를 들어, 상대방이 착용한 넥타이나 액세서리, 의상 코디, 헤어스타일, 첫인상 등을 칭찬하세요.

이 단계에서는 보이는 부분을 칭찬하므로, 상대방은 호감을 느끼고 마음의 경계가 풀리며, 친밀한 관계를 형성할 수 있습니다.

2) 2단계: 성취한 것을 칭찬하라

상대방이 최근에 성취한 업적을 칭찬하는 것도 좋은 방법입니다. 예를 들어, 상을 받았거나 승진을 했거나, 학위를 취득했거나, 대회에서 우승했거나, 자녀의 입학과 졸업, 프로젝트 완성, 사업장 확장 등을 칭찬하는 것입니다.

이러한 성취를 칭찬하고 축하하면 상대방은 인정받는 기분을 느끼게 되어, 더 열려 있고 대화도 자연스럽게 풀릴 수 있습니다.

3) 3단계: 자질이나 가치관을 칭찬하라

상대방의 내면적인 장점이나 가치관을 칭찬하는 단계입니다. 예를 들어, "책임감이 뛰어나네요." "정이 많으시네요." "정직하시네요." "열정적이세요." "인간미가 넘치세요." "근면 성실하시네요." "가정적이세요." 등의 칭찬을 해 보세요.

이렇게 상대방의 인격적 특성을 칭찬하는 것은 그 사람에 대한 관심을 표현하는 것이며, 내면까지 이해하고 있다는 신뢰를 쌓는 데 큰 도움이 됩니다. 이로 인해 더 깊은 신뢰 관계가 형성될 수 있습니다.

4) 4단계: 미래 가능성, 내면의 잠재력을 칭찬하라

마지막으로, 상대방의 미래 가능성이나 내면의 잠재력을 칭찬하는 것입니다. 예를 들어, "열심히 노력하고 적극적이어서 큰 인물이 될 거예요." "열정이 넘치니까 훌륭한 사람이 될 거예요." "실력과 기획력이 뛰어나서 큰 회사가 될 거예요." 등 미래에 대한 긍정적인 예측을 칭찬으로 표현하세요.

이 단계는 상대방의 잠재력을 미리 인정하고 칭찬함으로써 그 사람에게 큰 동기부여가 되고, 긍정적인 변화를 이끌어 내는 최고의 칭찬이 될 수 있습니다.

칭찬하기와 칭찬받기

1) 칭찬하기

✓ 이름을 부르며 칭찬하라

이름을 모르는 경우에도 앞서 말한 1단계 칭찬은 가능하지만, 부모님이 자녀를 칭찬할 때, 선생님이 학생을 칭찬할 때, 목사님이 성도를 칭찬할 때, 사장님이 직원을 칭찬할 때처럼, 이름을 알고 있는 상황에서는 그의 이름을 불러 주는 것만으로도 상대는 존중받고 있다는 느낌을 받게 됩니다.

자신을 알아주는 데 대한 감사와 함께, 칭찬의 주인공이 명확해지므로 그 효과는 몇 배로 커집니다.

✓ 근거를 가지고 칭찬하라

"열정을 본받고 싶습니다." "어려운 상황에서도 포기하지 않는 모습이 존경스럽습니다." "병마와 싸워 이기시는 모습을 보며 감탄했습니다." "자상한 성품이 참 인상적입니다." 이처럼 칭찬에는 구체적인 근거가 필요합니다. 세가지 정도의 근거를 들어 칭찬한다면 훨씬 더 진심이 전달됩니다.

칭찬과 아부의 차이는 '근거의 유무'에 있습니다.

비록 누군가에겐 아부처럼 들릴 수 있어도, 사랑과 존경의 마음을 담아 전하는 말이라면 그것은 분명한 칭찬입니다.

✔ 위치에 맞는 칭찬을 하라

어린이, 학생, 청년, 남편, 아내, 어른, 상사, 남자, 여자 등 사람마다 처한 위치와 상황이 다릅니다.

그에 맞는 말투와 표현으로 칭찬할 때, 상대는 더욱 존중받는 느낌을 받을 수 있습니다.

적절한 언어 선택은 칭찬의 진정성을 높이고, 그 효과를 극대화시킵니다.

2) 칭찬받기

우리는 칭찬에 익숙하지 않기 때문에 칭찬하는 것도 서툴고, 누군가의 칭찬을 받게 되면 쑥스러워하며 어쩔 줄 몰라 하기도 합니다.

하지만 칭찬을 받았을 때는 겸손하게 부정하기보다는 감사한 마음으로 자연스럽게 받아들이는 것이 좋습니다.

예를 들자면 "선생님은 재주도 많으시고 참 훌륭하십니

다."라는 칭찬을 받았다면 "아닙니다." 하고 손사래 치지 말고 "저를 그렇게 봐 주시니 감사합니다." "선생님은 더 훌륭하십니다."라고 대답하는 것이 좋습니다.

"사모님은 옷도 예쁘게 잘 입으시고 센스가 있으십니다." 하고 칭찬을 받았으면 "그렇게 말씀해 주시는 사모님은 더 아름답습니다." 이처럼 내가 받은 칭찬에 '더'를 붙여 되돌려드리면, 자연스럽게 칭찬을 주고받으며 따뜻한 칭찬 문화가 만들어집니다.

상대에 맞게 칭찬하기

우리는 살아가면서 다양한 계층의 사람들을 만나고, 그만큼 칭찬해야 할 대상도 다양합니다. 따라서 상대에 맞는 방식으로 칭찬하는 것이 더욱 효과적입니다.

각 상황에 맞는 칭찬의 예시를 통해 어떻게 칭찬하면 좋을지 살펴보겠습니다.

1) 어린 자녀를 칭찬할 때

"오늘 공원에서 너의 발랄하게 노는 모습이 참 귀엽고 예뻤어!"
"그림을 그릴 때 너의 상상력이 놀라워, 정말 멋져!"
"자전거를 배우느라 열심히 노력하는 모습이 대단해!"
"한글을 읽고 쓰는 걸 보니 넌 공부를 아주 잘할 것 같아."
"동생을 도와주는 모습을 보니 너무 자랑스러워!"
"산수 공부하느라 애썼구나. 이제 너무 잘하고 있어!"
"장난감을 정리하는 걸 보니 정리 감각이 있어!"
"노래하고 춤추는 너를 보면 마치 아이돌 같아, 정말 훌

류해!"

"기도하는 네 모습을 보니 하나님이 너를 축복하실 거야. 멋지다!"

2) 초등학생 자녀를 칭찬할 때

"숙제를 먼저 해 놓고 노는 너, 멋져 보여! 참 잘했어."
"공부를 열심히 하는 모습이 보기 좋아. 넌 훌륭한 사람이 될 거야."
"친구들과 잘 어울리는 너를 보니 정말 좋아. 좋은 영향을 줄 수 있을 거야."
"그린 그림을 보니 미적 감각이 뛰어나구나!"
"어려운 일 앞에서도 포기하지 않고 해결하려는 모습이 멋져."
"친구를 도와준 건 정말 잘한 일이야. 친구들이 널 많이 좋아할 거야."
"매일 성경을 읽고 기도하는 너의 모습이 너무 멋져. 하나님께서 기뻐하실 거야."

3) 사춘기 청소년을 칭찬할 때

"자기 일을 스스로 처리하는 모습을 보니 성숙하고 자

립심이 강하다는 걸 느꼈어."

"책임감을 가지고 행동하는 모습이 정말 믿음직스러워."

"어려운 문제 앞에서도 결단력을 보이며 해결하려는 모습이 정말 인상적이야."

"자신을 믿고 도전하는 모습이 대단해. 자신감을 가져도 돼!"

"자기 계발에 힘쓰는 너의 모습, 정말 멋져. 좋은 결실이 있을 거야."

"친구들과 어울리는 모습에서 따뜻한 마음이 느껴져. 친구들이 널 좋아할 수밖에 없겠어."

"혼란스러운 시기에도 믿음으로 중심을 잡고 나아가는 너, 정말 대견해."

4) 남편을 칭찬할 때

"당신의 지혜와 가정적인 모습 덕분에 우리 가정이 든든히 세워지고 있어요."

"항상 나를 이해하고 지지해 주니 정말 큰 힘이 돼요."

"일할 때의 집중력과 열정은 누구도 따라갈 수 없을 만큼 대단해요."

"당신의 유머 감각 덕분에 항상 웃을 수 있어요. 당신이 있어서 행복해요."

"친절하고 배려 깊은 마음은 늘 감동이에요."

"어려운 일 앞에서도 포기하지 않고 극복하는 당신이 자랑스러워요."

"지식과 경험이 풍부한 당신은 정말 똑똑하고 멋져요."

"못 하는 게 없네요. 뭐든 당신 손만 닿으면 해결되니 정말 든든해요."

"열심히 예배드리고 말씀을 경청하는 모습이 너무 멋져요. 하나님도 기뻐하실 거예요."

5) 아내를 칭찬할 때

"당신의 미소는 나의 하루를 환하게 밝혀 줘요."

"자신감과 결단력 덕분에 우리 집이 단단하게 세워지고 있어요."

"지혜와 이해력으로 가정을 더욱 풍요롭게 해 줘서 고마워요."

"늘 보여 주는 관심과 배려는 저를 정말 행복하게 해 줘요."

"모든 일에 최선을 다하는 당신이 너무 자랑스러워요."

"당신과 함께 있어서 얼마나 감사한지 몰라요."

"당신의 요리 덕분에 우리 가족 건강도 지켜지고 있어요. 요리 솜씨 최고예요!"

"찬송하고 기도하는 당신의 모습, 천사 같아요. 정말 멋져요."

6) 직장 동료를 칭찬할 때

"이 프로젝트에서 보여 준 리더십, 정말 탁월했어."
"문제를 해결하는 창의적인 아이디어가 인상 깊었어."
"항상 팀에 긍정적인 에너지를 줘서 큰 힘이 되고 있어. 최고야!"
"오늘 회의에서 발표한 내용, 명확하고 아주 효과적이었어."
"네 전문 지식과 경험은 우리 팀에 꼭 필요한 자산이야."
"팀원들의 의견을 경청하고 존중하는 모습이 정말 좋았어."
"열정과 노력 덕분에 프로젝트가 성공할 수 있었어. 고마워!"

7) 성도들을 칭찬할 때

"오늘 예배에 참석하신 여러분의 모습이 천사처럼 아름답습니다."
"집사님(장로님, 권사님, 성도님)의 기도 덕분에 제가 큰 힘을 얻습니다."
"교회 행사에 적극 참여해 주신 ○○님은 우리 교회의 보배입니다."
"사랑으로 섬기는 ○○님의 이야기에 큰 감동을 받았습니다."

"예배 환경을 위해 청소하고 식사 준비해 주시는 모습이 너무 아름답습니다."

"성경 공부를 열심히 하시며 믿음 위에 든든히 세워져 가는 모습이 감사합니다."

"주일학교 아이들을 잘 가르쳐 주셔서 교회의 미래가 밝습니다. 감사합니다."

"○○님의 찬양은 들을 때마다 큰 은혜가 됩니다. 정말 멋지십니다."

"교회를 사랑하는 ○○님의 마음이 너무 귀합니다. 자랑스럽습니다."

8) 교사가 학생을 칭찬할 때

"오늘 수업에서 적극적으로 참여하는 모습이 정말 멋졌어."
"어려운 문제를 창의적으로 푸는 모습이 인상적이었어."
"시험에서 좋은 성적을 받았구나! 노력한 결과야, 축하해!"
"친구를 도와주는 모습을 보며 참 자랑스러웠어."
"예의 바르고 타인을 존중하는 태도가 정말 보기 좋아."
"과제를 빠르게, 책임감 있게 잘 제출했네. 훌륭해!"
"오늘 발표할 때 자신감 넘치는 모습이 멋졌어."

9) 처음 만난 사람을 칭찬할 때

"처음 뵙는데 정말 멋진 분을 만난 것 같아요. 반갑습니다."
"친절하셔서 기분이 참 좋아졌어요. 감사합니다."
"웃는 모습이 정말 아름다우세요. 분위기가 환해졌어요."
"말씀하시는 방식이 유쾌하고 흥미로워요. 대화가 즐겁습니다."
"열정과 자신감이 느껴져서 함께 일하면 즐거울 것 같아요."
"배려와 이해심이 느껴져서 감사한 마음이 들었어요."
"재치 있고 창의적인 분이시네요. 함께해서 즐겁습니다."
"미소와 예의 바른 태도 덕분에 마음이 편안해졌어요. 고맙습니다."
"자신감과 긍정적인 태도에 깊은 인상을 받았습니다."

10) 어른들을 칭찬할 때

"항상 열심히 일하시는 모습이 너무 아름답습니다."
"풍부한 경험과 지식에서 나오는 아이디어는 놀랍습니다. 많이 배우고 있어요."
"친절하고 배려 깊은 모습에 감동받습니다."
"어떤 상황에서도 자신감 있게 대처하시는 모습, 정말

멋지십니다."

"지혜로운 조언은 항상 유익하고 정확해서 큰 도움이 됩니다."

"도전 정신과 끈기가 대단하세요. 어떤 어려움도 이겨 내시잖아요."

"주변을 격려하고 도와주시는 따뜻한 마음에 늘 감사드립니다."

대부분의 칭찬은 눈에 보이는 결과나 성취를 중심으로 이루어집니다. 하지만 겉으로 드러난 결과뿐 아니라, 그 사람의 마음이나 가능성을 칭찬할 수 있다면 훨씬 더 깊이 있는 칭찬이 될 것입니다.

"여호와께서 내 아버지 다윗에게 이르시되, 네가 내 이름을 위하여 성전을 건축할 마음이 있으니 이 마음이 네게 있는 것이 좋도다."(열왕기상 8장 18절)

다윗은 성전을 짓고자 하는 마음을 품고 예물을 드렸습니다. 하나님은 그 마음 자체를 칭찬하셨습니다.

우리도 칭찬할 때 지금의 상태뿐 아니라, 그 사람이 품고 있는 마음과 미래의 가능성까지 바라보며 칭찬해야 합니다.

"철이 철을 날카롭게 하는 것 같이 사람이 그의 친구의

얼굴을 빛나게 하느니라."(잠언 27장 17절)

친구의 얼굴을 빛나게 하는 것은 비판이 아니라, 칭찬입니다. 우리의 칭찬이 가족의 얼굴을, 친구의 얼굴을, 이웃의 얼굴을 빛나게 할 수 있습니다.

칭찬을 연습하고 계속하다 보면 누구나 칭찬 박사가 될 수 있습니다.

가정에서 시작된 칭찬은 직장으로, 교회로, 사회로 퍼져 나가 세상을 변화시킵니다. 칭찬은 인생을 바꾸고, 가정을 변화시키며, 교회를 세우고, 나라를 밝힐 수 있습니다.

돈도 안 드는 칭찬, 왜 못 하겠습니까?

노는 입으로 칭찬, 왜 못 하겠습니까?

오늘부터 칭찬합시다!

"도가니로 은을, 풀무로 금을, 칭찬으로 사람을 단련하느니라."(잠언 27장 21절)

사람을 칭찬으로 단련하면 빛나는 보석이 됩니다.

바다의 포식자인 범고래도 조련사의 칭찬에 반응해 춤을 춥니다. 잘하지 못해도 움직일 때마다 쓰다듬고, 칭찬하고, 좋아하는 먹이를 주면 계속 잘하려고 노력합니다. 그렇게 고래도 칭찬으로 변화된다면, 하물며 사람은 더 변화될 수 있습니다.

칭찬하면 누구든지 빛나는 보석이 됩니다.

4부

칭찬 에세이

꼭 필요한 칭찬

우리는 오랫동안 겸양지덕(謙讓之德), 즉 겸손하게 사양하는 미덕을 강조하는 유교적 가치 속에서 교육받으며 살아왔습니다. 그 결과, 자신의 장점을 드러내는 것은 '교만'으로 여기고 남이 나를 칭찬해도 손사래를 치며 부정하는 것이 '겸손'으로 여겼습니다.

이러한 문화 속에서, 남편이 아내를 칭찬하거나 자녀의 장점을 자랑하면 '팔불출'이라는 핀잔을 듣기 일쑤였습니다. 그래서 칭찬에는 인색하고, 대신 잘못을 지적하고 야단치는 것이 오히려 올바른 태도인 것처럼 여겨졌습니다.

그러나 어릴 때 칭찬을 받지 못하고 꾸지람만 듣고 자란 사람은 어른이 되어서도 남을 칭찬하기보다는 판단하고 지적하고 야단치는 데 익숙한 사람이 됩니다. 이처럼 칭찬의 부재는 한 개인의 성격을 형성할 뿐 아니라, 사회 전체에 영향을 미치게 됩니다.

오늘날 우리 사회 곳곳에서 벌어지는 갈등과 대립, 갑질 문화의 근저에는 이러한 왜곡된 소통 방식이 자리 잡고 있습니다. 칭찬은커녕, 서로를 평가하고 판단하는 문화가 먼저 자리한 탓입니다.

아이도 어른도, 누구나 칭찬을 들으면 기뻐합니다. 그런데 칭찬을 해 주는 사람은 점점 줄어들고, 칭찬하는 법을 아는 사람도 드뭅니다.

이제는 우리 사회 전체가 변해야 합니다. 부모, 교사, 목사, 그리고 모든 지도자들이 앞장서서 '칭찬하는 문화'를 만들어 가야 합니다. 가정에서부터 학교, 교회, 회사, 사회 전반에 이르기까지, 칭찬이 자연스러운 언어가 될 때, 비로소 사람도, 공동체도, 나라까지도 변화할 수 있습니다.

예수님의 칭찬

예수님께서 베드로를 처음 만났을 때, 그의 첫마디는 '칭찬'이었습니다.

"네가 요한의 아들 시몬이니 장차 베드로라 하리라."(요한복음 1장 42절)

이 말씀은 단순한 인사가 아닙니다. 지금은 흔들리는 갈대 같은 시몬이지만, 장차 반석과 같은 베드로가 될 것이라는 예언적 칭찬이었습니다. 예수님은 시몬의 현재를 보신 것이 아니라, 그의 가능성과 미래를 보셨습니다. 이것이 바로 예수님의 칭찬의 방식이자, 우리가 배워야 할 진정한 칭찬입니다.

오늘날 우리가 하는 제자 교육과 예수님의 제자 대하는 태도는 큰 차이가 있습니다. 예수님은 먼저 칭찬하고 믿어주셨습니다. 그 결과, 시몬은 "주는 그리스도시요 살아 계신 하나님의 아들이십니다."(마태복음 16장 16절)라는 가장 위대한 고백을 하게 됩니다.

이 고백은 단순한 신앙의 표현이 아니라, 예수님께 드리는 최고의 칭찬의 말이었습니다.

예수님은 이 고백을 들으시고 즉시 응답하십니다.

"바요나 시몬아, 네가 복이 있도다. … 너는 베드로라. 내가 이 반석 위에 내 교회를 세우리니 음부의 권세가 이기지 못하리라. … 하늘나라의 열쇠를 네게 주리라."(마태복음 16장 17-19절)

이 장면을 통해 우리는 중요한 진리를 알게 됩니다.

예수님의 칭찬은 예언이었고, 그 예언은 반드시 이루어졌습니다. 사랑으로 건네는 진심 어린 칭찬은, 듣는 이의 미래를 여는 '예언'이 되고 '약속'이 됩니다.

우리 자녀에게, 교인에게, 제자에게 "너는 훌륭한 지도자가 될 거야." "너는 하나님이 크게 쓰실 사람이야."라고 말하는 순간, 그 말은 예언이 되고, 영적 선포가 됩니다.

사람은 지적과 비판만으로는 진정으로 변화되지 않습니다. 변화를 일으키는 힘은 예수님과 같은 칭찬에 있습니다. 회개를 촉구하는 설교는 사람을 잠시 돌아보게 만들 수는 있지만, 성장과 성숙으로 이끄는 길은 따뜻하고 믿어주는 말, 즉 칭찬입니다.

예수님은 교회 밖의 사람들에게는 회개를 외치셨지만, 교회 안의 제자들에게는 천국의 소망과 칭찬, 격려의 메시지를 전하셨습니다.

우리가 예수님처럼 예언적 칭찬을 전할 때, 그 말이 씨앗이 되어 마음에 심기고, 결국에는 삶 전체를 변화시킵니다.

가정이 변화되길 원하십니까?
직장과 교회, 공동체가 천국 같아지길 바라십니까?
그렇다면 오늘부터 예수님처럼 말해 보십시오.

"당신은 하나님이 쓰실 사람입니다."
"당신은 반드시 변화될 것입니다."
"당신은 복이 있는 사람입니다."

예언적 칭찬으로 사람을 살리고, 세상을 변화시키는 바로 당신이 최고입니다.

때에 맞는 칭찬

사랑의 말도 때에 맞게 해야 감동이 더해집니다.

같은 선물도 적절한 때에 전할 때 그 의미가 깊어지듯, 칭찬도 '언제 하느냐'가 매우 중요합니다. 아무리 좋은 말도 타이밍을 놓치면 효과를 잃고, 반대로 아주 작은 말이라도 꼭 맞는 순간에 하면 큰 울림을 줍니다.

예수님은 이런 때에 맞는 칭찬의 본을 보여 주셨습니다.

가나안 여인이 예수님께 나아와 딸의 병을 고쳐 달라고 간절히 부탁했을 때, 예수님은 처음엔 그녀의 요청을 외면하시는 듯했습니다.

그러나 그녀는 물러서지 않고 이렇게 말합니다.

"주여, 옳소이다마는 개들도 제 주인의 상에서 떨어지는 부스러기를 먹나이다."(마태복음 15장 27절)

그 말을 들으신 예수님은 기다렸다는 듯 그녀를 칭찬하십니다.

"여자여 네 믿음이 크도다. 네 소원대로 되리라."(마태복음 15장 28절)

그 말씀대로 그녀의 딸은 그 즉시 나았습니다.
예수님은 단지 결과에 대해 칭찬하신 것이 아니라, 믿음을 잃지 않고 끝까지 포기하지 않는 태도를 정확한 때에 칭찬하셨습니다.

칭찬이란, 그 사람의 가능성을 알아볼 때에만 아니라, 그 가능성이 드러나는 순간을 놓치지 않고 반응하는 것입니다.
우리도 일상에서 칭찬할 타이밍을 놓치지 않는 연습이 필요합니다.
"남편이나 아내를 칭찬할 게 없다."라고 말하는 분들이 많습니다. 그러나 실은 칭찬할 것이 없는 게 아니라, 칭찬할 순간을 놓쳤기 때문입니다.
또, '칭찬할 게 없다'고 생각하는 사람은 이미 마음이 부정적인 필터로 가득 차 있기 때문에, 불만만 보이고 칭찬할 것이 보이지 않는 것입니다.
칭찬은 큰일에만 하는 것이 아닙니다. 아주 사소한 일이라도, 때를 놓치지 않고 즉시 칭찬하면, 점점 칭찬할 것이 더 많이 보이기 시작합니다.

칭찬은 극대화의 능력을 가집니다.
작은 칭찬이, 더 큰 행동과 더 좋은 변화로 이어집니다.

아이든 어른이든, 누구나 칭찬을 들으면 그 칭찬받은 것을 더 잘하고 싶어집니다.

그러므로 즉시! 지금! 아낌없이 칭찬하십시오.

작은 친절, 작은 배려, 작은 변화에도 즉각 반응하면, 그 사람은 점점 긍정적인 방향으로 변해 갑니다.

때에 맞는 칭찬은 그 자체로 능력입니다.

그 타이밍을 아는 당신, 그 순간을 놓치지 않는 당신, 바로 당신이 최고입니다.

백부장을 칭찬하신 예수님

예수님께서 가버나움에 이르셨을 때, 한 백부장이 찾아와 간절히 부탁했습니다. 자기 하인이 중풍병으로 심한 고통 가운데 있으니, 고쳐 달라는 요청이었습니다.

예수님은 기꺼이 그의 집으로 가시겠다고 하셨습니다. 그러자 백부장은 이렇게 말합니다.

"주여, 내 집에 들어오심을 나는 감당하지 못하겠사오니, 다만 말씀으로만 하옵소서. 그러면 내 하인이 나으리이다."

그는 덧붙여 자신도 백부장으로서 명령만 하면 병사들이 그대로 따르듯, 예수님의 말씀에도 그런 능력이 있음을 믿는다고 고백했습니다.

예수님은 이 말을 들으시고 크게 놀라시며 말씀하셨습니다.

"내가 진실로 너희에게 이르노니, 이스라엘 중 아무에게서도 이만한 믿음을 보지 못하였노라." (마태복음 8장 10절)

예수님께서는 이방인인 백부장의 믿음을, 그 어떤 이스라엘 사람보다도 크고 놀라운 믿음이라며 특별히 칭찬하셨습니다. 이것은 단순한 인정이 아니라, 공개적인 특급 칭찬이었습니다.

그런데 오늘날 우리는 어떻습니까?
많은 사람들이 "칭찬하면 교만해진다." "우쭐해진다."라며 칭찬을 꺼립니다.
그러나 예수님께서도 칭찬하셨습니다. 믿음을 칭찬하시고, 겸손을 칭찬하시고, 중심을 보시며 감탄하셨습니다.
물론 가끔은 칭찬에 우쭐해지는 사람도 있겠지만, 대부분은 더 겸손해지고, 더 잘하려는 마음을 품게 됩니다.
우리는 예수님처럼 사람의 가능성을 보고, 믿음을 보고, 인격과 태도까지도 아낌없이 칭찬할 줄 아는 사람이 되어야 합니다.

칭찬은 돈이 들지 않습니다.
말 한마디로 사람을 살리고, 관계를 변화시키고, 공동체를 따뜻하게 만들 수 있습니다.
노는 입에 불평하지 말고, 칭찬부터 합시다.
믿음을 칭찬하고, 마음을 칭찬하고, 성장의 가능성을 칭찬합시다.
예수님처럼 칭찬하는 당신이 최고입니다.

칭찬의 유익

텍사스 대학교의 테드 휴스턴 교수는 흥미로운 실험을 했습니다. 펜실베이니아주에서 혼인 신고를 한 145쌍의 부부를 13년 동안 추적 조사했습니다.

그 결과, 이혼한 부부들의 공통점은 단 하나. 서로 칭찬하지 않고, 주로 '욕'을 주고받는 부부였습니다. 반대로 서로에게 애정 표현을 하고 칭찬하는 부부들은 이혼하지 않았습니다.

부부 사이에서 칭찬은 그야말로 '부부 보험'이었습니다. 잔소리는 멀어지고, 정은 깊어지고, 부탁도 잘 들어주는 '칭찬 효과'가 있었던 것이죠.

예를 들어, 이렇게 말해 보세요.
"당신과 결혼한 지 몇 년인데… 여전히 멋있어요!"
"요즘 들어 더 성숙하고, 더 아름다워진 것 같아요."
"세상에서 제일 멋진 당신에게 한 가지 부탁해도 될까요? 오늘… 외식 어때요?"

이쯤 되면 웬만한 남편은 거절할 수 없습니다.
"그래, 뭔가 수상하지만… 좋아!" 하며 따라나설 확률

95%입니다.

칭찬은 부부 사이뿐 아니라 모든 인간관계를 부드럽게 만들어 줍니다.

회사에서도, 교회에서도, 친구 사이에서도 마찬가지입니다. 한마디 칭찬은 얼었던 분위기를 녹이고, 서로를 더 좋은 방향으로 이끌어 줍니다.

"그런 말 어색해서 못 하겠어요…." 하는 분도 있습니다. 그럴 땐 이렇게 해 보세요. 처음엔 농담처럼 시작하세요.

"어쩜 그렇게 잘생겼어요? 어, 진심인데 왜 웃어요?"

처음엔 웃기지만, 자주 하다 보면 칭찬이 입에 붙습니다. 그리고 그 칭찬은 마음에도 붙게 됩니다.

칭찬은 놀라운 유익이 있습니다. 우선 갈등을 줄이고 신뢰를 쌓아 줍니다. 또한 부탁이 쉽게 먹힙니다. 그리고 자신감과 행복감을 높여 줍니다.

무엇보다 칭찬은 투자 대비 효과가 가장 확실한 관계의 기술입니다. 돈이 들지도 않고, 기분도 좋아지고, 관계도 살아납니다.

자, 이제 실전입니다.

오늘 집에 가면 "여보, 당신 눈빛이 오늘 유난히 반짝여요."라고 말해 보세요.

그다음 날, 밥상이 달라질 수도 있습니다. 칭찬하는 당신이, 진짜 최고입니다!

칭찬으로 교육의 극대화를

"모든 성경은 하나님의 감동으로 된 것으로 교훈과 책망과 바르게 함과 의로 교육하기에 유익하니라."(디모데후서 3장 16절)

성경은 교육의 균형을 이렇게 말합니다. 교훈과 책망만이 아니라, 바르게 함과 의로 교육하기까지 포함되어야 한다는 것입니다.

하지만 오늘날 우리의 교육은 어떠합니까?

수십 년째 입시 중심, 성적 중심의 교육이 계속되고 있습니다. 그 결과, 인성과 감성, 교양은 뒷전으로 밀려났고, 학생들은 오직 성적 줄 세우기 경쟁에 내몰리고 말았습니다.

가정에서도 학교에서도 아이들을 성적표 하나로 평가합니다. 점수가 낮으면 꾸짖고, 성적이 좋으면 기뻐합니다. 그 사이에서 우리는 자녀의 진짜 가치를 보지 못한 채 시험 점수만으로 아이를 판단하고 비난부터 하지 않았습니까?

공부가 재미없는 학생, 시험이 두려운 아이, 성적이 안 나올까 봐 매일이 불안한 청소년들, 그 아이들이 세상에서 가장 듣고 싶은 말은 "잘하고 있어." "괜찮아." "넌 소중한 아이야."라는 따뜻한 칭찬 한마디일지도 모릅니다.

그런데 그 말을 우리는 해 주지 않았습니다.
지적하고 비판만 하며 칭찬을 잊은 사회, 그 결과는 너무나 아픕니다.
성적을 비관한 학생들의 극단적인 선택, 그 가슴 아픈 소식은 단지 뉴스가 아니라, 우리 사회가 놓친 따뜻한 말 한마디의 무게를 보여 주는 경고입니다.
사실, 교육에 필요한 것은 많지 않습니다.
훌륭한 선생님, 좋은 교재, 쾌적한 시설, 거기에 따뜻한 칭찬이 더해지면, 교육의 효과는 열 배 이상 극대화됩니다.
누군가 말했습니다.
"칭찬은 보약입니다. 하지만 그 보약은 돈이 들지 않습니다."
칭찬은 성장을 이끌고, 마음을 살리며, 아이의 눈빛을 다시 빛나게 합니다.
그저 한마디면 됩니다.
"나는 네가 자랑스러워."
"열심히 하는 모습이 정말 멋지다."
"실수해도 괜찮아, 넌 계속 성장하는 중이야."
오늘도 많은 아이들이 "내가 쓸모 있는 사람일까?" 하고 묻습니다. 그 물음에 대답해 줄 수 있는 것은 꾸지람이 아니라 칭찬입니다.

이제는 칭찬이 답입니다.
우리의 따뜻한 말 한마디가, 한 아이의 미래를 바꾸고, 한 가정의 웃음을 되찾고, 한 나라의 희망이 됩니다.
아낌없는 칭찬으로 교육의 극대화를 이룹시다.
칭찬하는 당신이, 진짜 교육자입니다.

칭찬이 성공의 비결

한 해도 빠짐없이 적자를 면치 못하는 회사가 있었습니다. 더는 안 되겠다 싶어 원인을 조사하게 되었는데, 실무를 맡은 직원들의 얼굴은 하나같이 죽을상이었습니다.

간부들은 매일같이 목표를 못 채웠다고 호통을 치기 바빴고, 직원들은 그저 위축된 채 눈치만 보는 분위기였습니다.

조사팀은 간부에게 물었습니다.

"혹시 직원들에게 칭찬을 해 본 적이 있습니까?"

그러자 간부는 이렇게 말했습니다.

"말도 마십시오. 칭찬할 일이 있어야 칭찬을 하죠!"

그 결과는 명확했습니다. 매일 야단만 맞는 직원들에게서 의욕도, 창의성도 사라졌던 것입니다.

반면, 해마다 흑자를 기록하는 회사가 있었습니다. 그 원인을 알아보니 분위기부터 달랐습니다. 직원들은 항상 밝은 표정이었고, 상사와 부하가 서로 칭찬을 아끼지 않았습니다.

"좋아요." "수고했어요." "이번 일 정말 멋졌어요."

이런 작은 말 한마디가 직원들의 마음을 움직였고, 사기는 올라가고, 성과는 따라왔습니다.

　사람은 누구나 칭찬받으면 가슴이 뜨거워지고, 자신감이 생깁니다. 단 한마디의 칭찬이 사람의 마음을 열고, 능력을 끌어올립니다.
　칭찬은 단순한 말이 아니라 긍정의 에너지, 사람을 변화시키는 능력입니다.
　그런데 우리는 종종 이렇게 말합니다.
　"칭찬할 게 있어야 칭찬하지."
　그러나 물을 주어야 씨앗이 싹이 트고 꽃을 피우듯이 먼저 칭찬의 물을 주어야 꽃을 피웁니다.
　말이 어색해도 괜찮습니다. 그냥 "잘했어." "멋지다." "최고야." 이 한마디면 충분합니다.
　세계에서 교육경쟁력 1위로 꼽히는 핀란드는 학생들을 평가할 때 단 세 마디만 쓴다고 합니다.
　"잘했다. 아주 잘했다. 아주, 아주 잘했다."
　그들의 교육 철학은 꾸짖음이 아닌 칭찬의 힘을 믿는 데 있습니다.

　지금 우리 사회는 비판과 부정적인 평가로 가득 차 있습니다. 그러니 누군가는 먼저 말해야 합니다. 진심 어린 칭찬을. 오늘 당신이 하는 그 작은 칭찬이 누군가의 마음을 살리고, 하루를 밝히며, 인생을 바꿀 수도 있습니다.

칭찬이 성공의 비결입니다.

오늘도 칭찬합시다. 칭찬하는 당신이 최고입니다!

칭찬으로 이웃 사랑

예수님은 말씀하셨습니다.

"마음을 다하고 뜻을 다하고 힘을 다하고 목숨을 다하여 하나님을 사랑하라. 그리고 네 이웃을 네 자신같이 사랑하라."

그래서 우리는 하나님께 예배드리며, 존귀와 영광과 찬송과 감사를 올려드립니다.

하나님은 위대하시고 전능하시며, 영원히 찬양받기에 합당하신 분입니다. 그 하나님을 높이고 칭송하는 것이 바로 찬송이며, 감사와 예배입니다.

그렇다면 사람을 향한 사랑은 어떻게 표현할 수 있을까요?

물론 먹을 것과 입을 것을 나누는 것도 이웃 사랑입니다. 하지만 한 걸음 더 나아가, 그 사람의 존재 자체를 존중하고 칭찬하는 것 또한 진정한 이웃 사랑입니다.

칭찬은 값비싼 것도 아니고, 특별한 기술도 필요하지 않습니다. 그러나 진심이 담긴 칭찬 한마디는 밥 한 끼보다 깊은 위로와 용기를 줄 수 있습니다.

때로는 "당신이 있어서 고마워요."라는 말이 '오늘도 살아가야겠다.'라는 결심을 이끌어 내기도 합니다.

칭찬하는 사람은 자기를 사랑하는 사람입니다. 자신의 가치를 알고 있는 사람은 다른 사람의 가치를 귀하게 여길 수 있습니다.

그 마음이 곧 이웃을 내 몸처럼 사랑하는 마음입니다. 이웃 사랑은 거창한 선행에서만 시작되는 것이 아닙니다.

"당신 참 괜찮은 사람이에요."

"당신 덕분에 오늘 하루가 따뜻했어요."

이런 칭찬 한마디가 얼어붙은 마음을 녹이고, 삶의 길목에서 다시 걸음을 내딛게 하는 힘이 됩니다.

물질이 없어도 칭찬은 누구나 나눌 수 있습니다.

칭찬으로 이웃을 사랑할 수 있습니다.

그리고 칭찬과 물질을 함께 나눈다면, 당신은 이웃을 '내 몸처럼' 사랑하는 가장 아름다운 사람입니다.

이웃에게 칭찬을 전하세요. 그 한마디가 누군가의 인생을 밝혀 줍니다.

칭찬하는 당신이, 진짜 사랑의 실천자입니다.

칭찬으로 축복하라

"그들은 이같이 내 이름으로 이스라엘 자손에게 축복할지니, 내가 그들에게 복을 주리라."(민수기 6장 27절)

하나님은 아론과 그의 아들들에게 이스라엘 백성들을 향해 축복하라고 명령하셨습니다. 그리고 "내가 그들에게 복을 주겠다."라고 약속하셨습니다.

많은 사람들이 '축복은 하나님만이 하실 수 있는 것'이라 생각합니다. 그래서 우리는 쉽게 축복의 말을 입에 올리지 않습니다.

그러나 성경은 말합니다.

축복은 '복을 빌어 주는 것'입니다.

우리가 복을 직접 줄 수는 없지만, 하나님께서 그에게 복을 주시기를 기도하며 말로 선포하는 것, 그것이 바로 축복입니다.

하나님은 "너희 말이 내 귀에 들린 대로 내가 시행하겠다."라고 하셨습니다.

그러니 누군가 우리를 축복하면 "아멘"으로 화답해야 합니다.

축복은 말의 씨앗입니다.

말이 씨가 되어 삶에 열매 맺습니다.

예를 들어, 어린아이에게 "넌 정말 똑똑하구나! 박사님이 되겠어!" "넌 큰 인물이 될 거야. 하나님이 너를 귀하게 쓰실 거야!"라고 말하는 건 단순한 칭찬이 아니라 미래를 향한 축복입니다.

어른들에게도 마찬가지입니다.

"열심히 하시는 걸 보니 곧 승진하시겠어요!" "하나님이 곧 복을 주실 겁니다." "이 사업, 하나님이 크게 형통하게 하실 거예요." 이런 말들은 듣는 이에게는 용기와 기쁨이 되는 축복이요, 선한 말의 씨앗입니다.

칭찬은 축복이 되고, 축복은 능력이 됩니다.

말로 축복하십시오. 말로 사랑을 표현하십시오.

칭찬하고 축복하는 당신이 최고입니다!

칭찬 교육의 유익

교회에서 칭찬을 가르쳐야 한다고 생각해 보셨습니까?

사실 칭찬 교육은 가정, 학교, 사회 전반에 필요하지만, 특히 하나님의 사랑을 전하는 교회에는 반드시 필요합니다.

칭찬 교육을 받은 부모는 자녀를 평가하거나 비교하기보다, 작은 일도 칭찬해 주며 자존감과 자신감을 길러 줍니다.

그 결과 자녀들은 더 밝고 명랑해지고, 학업 성적도 자연스럽게 향상됩니다.

칭찬 교육을 받은 부부는 비난 대신 격려와 감사의 말을 주고받으니 갈등이 줄고 행복한 가정이 만들어집니다.

칭찬 교육을 받은 교인들은 비판과 뒷담화 대신 서로를 세워 주는 말을 하며, 따뜻하고 건강한 교회 문화를 이룹니다.

교회 분위기가 바뀌면 새 가족도 쉽게 정착하고 교회가 곧 이 땅 위의 천국이 됩니다.

칭찬 교육을 받은 어린이와 학생은 어릴 때부터 긍정적이고 건강한 인격을 형성하며 훗날 존경받는 리더로 성장합니다.

  또한 칭찬하는 마음을 가진 사람은 목사님을 존경하고 말씀에 은혜를 받으며, 교회와 이웃, 세상에서 복음의 통로로 쓰임받는 삶을 살게 됩니다.

  이제 우리 모두 함께 만들어 갑시다.
  미소로 인사하고, 말로 칭찬하는 아름다운 교회! 교회에서부터 칭찬이 넘치면, 세상이 조금 더 따뜻해질 것입니다.
  오늘도 칭찬하고, 축복하는 당신이 진짜 천국의 일꾼입니다!

칭찬은 예언이다

어른들이 아이를 보며 "어머, 정말 예쁘게 생겼네!" "이렇게 똑똑하게 생긴 걸 보니 커서 큰 인물이 되겠어요!" "얘, 넌 장군감이다." 하면서 머리를 쓰다듬어 주는 말, 그건 단순한 말이 아닙니다.

칭찬이자 예언입니다.

지금 보이는 모습만 평가하는 것이 아니라 그 아이의 미래를 바라보며 말하는 희망의 메시지, 그게 바로 예언 같은 칭찬입니다.

이런 말은 마음에 깊이 남고, 실제로 그 말한 대로 이루어지는 경우가 많습니다.

예수님께서도 요한의 아들 시몬을 처음 만났을 때, 그를 "게바(베드로)"라고 불렀습니다. 게바는 '반석'이라는 뜻입니다.

그때 시몬은 물고기를 잡던 평범한 어부였고, 훗날 예수님을 세 번이나 부인할 만큼 연약한 사람이었습니다.

하지만 예수님은 그의 현재가 아닌, 미래의 가능성을 보시고 "너는 반석 같은 사람이 될 것이다."라고 말씀하신 것입니다.

그 말씀대로 그는 흔들리던 어부에서, 수많은 이들을 세우는 반석 같은 사도가 되었습니다.

우리도 마찬가지입니다.
지금의 모습만 보고 평가하지 말고, 그 사람 안에 있는 가능성과 잠재력을 바라보며 말해 주면, 그 말은 희망의 예언이 되어 그의 삶을 바꿀 수 있습니다.
"넌 정말 멋진 사람이 될 거야." "하나님이 너를 크게 쓰실 거야." "분명히 너는 잘될 거야." 이런 말들은 그 사람의 자존감을 세워 주고, 삶의 방향을 이끄는 강력한 축복의 말입니다.

칭찬은, 미래를 여는 예언입니다.
오늘 누군가에게 따뜻한 예언 한마디 해 보세요.
그 말이 씨가 되어, 아름다운 열매로 돌아올 것입니다. 칭찬하는 당신, 정말 최고, 최고입니다!

아이에게 칭찬을 가르쳐라

요즘 부모들은 자녀가 남들보다 뛰어나고 특별한 아이로 자라길 원합니다.

그래서 남들보다 일찍 외국어를 가르치고, 여러 학원에 보내며 눈물겨운 노력을 아끼지 않습니다.

하지만 그렇게 애써도 기대만큼 결과가 나오지 않으면, 속상해하고, 때로는 아이를 너무 고생시킨 것 같아 후회하는 부모도 적지 않습니다.

물론 수학을 잘하고 영어를 잘하는 것도 중요합니다.

하지만 그보다 더 중요한 것은 사회 속에서 잘 적응하고, 어디서든 필요한 사람으로 살아가는 능력입니다.

지식만 가득한 아이보다, 사람과 어울릴 줄 알고 남을 존중하며 칭찬할 줄 아는 아이가 세상에서는 더 큰 인정을 받습니다.

그러므로 우리는 우리 아이들에게 '칭찬할 줄 아는 사람'으로 자라도록 가르쳐야 합니다.

엄마가 정성껏 차려 준 밥을 먹으며 "맛있어요! 엄마 최고예요!"라고 말할 줄 아는 아이, 아빠가 선물해 준 장난감을 받고 "아빠 고마워요! 우리 아빠 짱이에요!"라고 말할 줄 아는 아이, 친구가 발표를 잘하면 "와, 너 정말 잘했어! 최고야!"라고 진심으로 칭찬할 수 있는 아이, 이런 아이는 어디서든 사랑받고, 친구도 많고, 좋은 관계 속에서 성장할 수 있습니다.

초등학교에 갓 입학한 아이가 선생님을 향해 "선생님 멋있어요! 예뻐요!" 하며 엄지척을 한다면, 그 선생님은 그날 하루 종일 미소가 지어질 것이고, 그 아이를 더 아끼고 살펴 주고 싶은 마음이 생길 겁니다.

칭찬은 마음을 움직입니다.

칭찬은 사람에게 감동을 주고, 힘과 용기를 주는 강력한 힘이 있습니다.

칭찬하는 아이는 어디서든 좋은 친구가 생기고, 든든한 편이 생깁니다.

하지만 부모가 칭찬의 가치를 알지 못하면 아이에게 칭찬을 하지 않게 되고, 아이도 칭찬하는 법을 배우지 못하게 됩니다.

아이에게 칭찬을 가르치는 일은 작아 보여도 학교에서의 왕따 문제를 예방하고, 건강하고 밝은 관계를 형성하는 데 큰 역할을 합니다.

성경은 이렇게 말씀합니다.

"마땅히 행할 길을 아이에게 가르치라. 그리하면 늙어도 그것을 떠나지 아니하리라."(잠언 22장 6절)

지금 우리 아이에게 '칭찬'이라는 선물을 가르쳐 주세요. 그것이 아이의 인생을 빛나게 하고, 세상을 따뜻하게 만드는 첫걸음이 될 것입니다.

칭찬의 양념을 쳐라

과거보다 지식수준은 높아졌고, 경제는 성장했고, 기술은 눈부시게 발전했습니다.

복지도 좋아지고 삶의 질도 향상되었지만, 정작 우리의 마음은 점점 삭막해지고 있습니다.

가정에서는 다툼이 끊이지 않고, 이웃과는 담을 쌓고 살아갑니다.

정치인들은 나라보다 자기편을 먼저 생각하며, 서로를 향해 비난하고 정죄하고, 물고 뜯으며 소모적인 싸움에만 몰두하고 있습니다.

이유가 무엇일까요?

칭찬이 사라졌기 때문입니다.

잘잘못을 지적하고, 비판하고, 흠을 잡는 일엔 익숙하면서 서로를 존중하고 인정하며 칭찬하는 일에는 인색해졌기 때문입니다.

칭찬 없는 인간관계, 칭찬 없는 가정, 칭찬 없는 직장, 칭찬 없는 학교, 칭찬 없는 정치, 칭찬 없는 나라.

그곳에는 기쁨도, 감동도, 행복도 없습니다.
마치 속 없는 만두 같고, 신부 없는 결혼식 같은 분위기만 가득합니다.
우리 사회가 물질적으로 풍요롭다 해도, 정말 결핍되어 있는 한 가지가 있다면 그것은 바로 칭찬입니다.

칭찬은 인간관계의 양념입니다.
양념이 음식의 맛을 살리듯, 칭찬은 관계를 살립니다.
부부 사이에 칭찬 한마디면 다툼이 줄어듭니다.
부모와 자녀 사이에 칭찬이 오가면 마음의 문이 열립니다.
친구, 직장 동료, 이웃 사이에도 따뜻한 변화가 시작됩니다.
교회, 학교, 직장, 지역사회가 따뜻해지고 살아납니다.
칭찬은 작은 말이지만, 큰 기적을 만드는 양념입니다.
사랑이 담긴 칭찬 한 스푼, 존중이 담긴 칭찬 한마디로 우리의 삶을 더 풍성하고 따뜻하게 만들 수 있습니다.

이제 비판의 칼날 대신 칭찬의 양념을 치십시오.
사람을 살리고 관계를 회복시키는 힘, 그것이 바로 칭찬의 능력입니다. 부부간에도 부모자식 간에도 친구 간에도 직장 동료 간에도 이웃 간에도 관계가 좋아지고 새로운 변화가 일어날 것입니다.

율법과 은혜

　유교적 가정에서 성장한 이들은 성인이 되어 사회 지도자가 되거나 목회자가 되었을 때에도 자신도 모르게 윤리와 도덕, 율법 중심의 태도를 유지하는 경우가 많습니다.
　그들의 신앙생활 역시 율법적이며, 설교 역시 죄를 지적하고 책망하는 말씀에 무게가 실리곤 합니다.
　물론 율법은 필요합니다. 율법은 죄를 알게 하고, 회개로 이끄는 역할을 합니다. 그러나 율법은 결국 사망에 이르게 하는 정죄의 법입니다.
　그래서 예수님께서 오셨습니다.
　십자가에서 보배로운 피를 흘려 대속 제물이 되셨고, 이제는 예수를 믿는 믿음으로 생명의 성령의 법으로 죄와 사망의 법에서 구원해 주셨습니다.
　교회는 어떤 곳입니까?
　이미 예수를 믿는 자들이 예배드리는 곳이고, 아직 예수를 모르는 사람들이 복음을 듣고 예수를 믿고 은혜받아야 할 곳입니다.

그러므로 교회는 무엇보다 사람을 살리는 메시지, 은혜와 사랑, 칭찬과 격려의 복음이 선포되어야 하는 곳입니다.

죄를 지적하는 말씀도 필요하지만, 그 비중은 전체 설교 중 10% 이내면 충분합니다. 나머지 90%는 복음의 기쁨, 은혜의 감격, 격려와 칭찬이 가득해야 합니다.

왜일까요?

사람은 정죄를 받을 때 움츠러들고 마음을 닫지만, 칭찬과 격려를 받을 때 마음이 열리고 자존감이 높아지며 말씀에 대한 수용성도 좋아지고, 결국 더 나은 삶을 향해 변화되기 때문입니다.

성도들은 오늘도 삶의 무게에 눌려 교회로 옵니다.

그들에게 더 무거운 책망이 아니라, 하나님의 사랑과 은혜의 말씀, 격려와 칭찬으로 날개를 달아 주는 설교가 필요합니다.

말씀 한마디가 지친 성도의 삶을 일으킵니다.

사랑의 메시지가 넘어졌던 영혼을 다시 세웁니다.

정죄보다 은혜를, 율법보다 생명을, 비판보다 칭찬을 전하는 목회자, 그가 바로 성도들에게 날개를 달아 주는 최고의 목회자입니다.

'미인대칭' 칭찬 운동

"미소로 인사하고, 대화로 칭찬하자!"

우리나라 정치인들과 국민들 사이에는 안타깝게도 편 가르기와 비판, 비난이 너무나도 일상화되어 있습니다.

잘한 일은 눈에 잘 띄지 않고, 오직 잘못만 지적하며 물고 뜯는 풍토 속에서 사람과 사회는 점점 삭막해지고 있습니다.

그런데 문득 미국 여행 중에 만났던 한 장면이 떠오릅니다.

낯선 이방인인 나에게 먼저 다가와 "하이!" 하며 손을 흔들고 미소를 건네는 그들의 인사 문화가 참 인상적이었습니다.

'우리는 왜 저렇게 못 할까?' 하는 질문이 마음속에 맴돌았습니다.

그런데 우리나라에도 칭찬 박사 협회 김기현 박사가 "미소로 인사하고, 대화로 칭찬하자!"라는 구호를 외치며 칭찬 운동을 펼치고 있습니다.

저 역시 이 아름다운 운동에 감동하여 칭찬 박사 자격

증을 받고 교회에서 칭찬 설교와 세미나, 신문 칼럼 기고, CBS 라디오, CTS기독교TV 출연 등으로 칭찬 문화 운동에 동참하고 있습니다.

이제 가정에서, 교회에서, 학교에서, 직장에서 누구나 쉽게 실천할 수 있는 칭찬 운동이 작은 불씨처럼 일어나 대한민국 전체에 따뜻한 변화를 일으키기를 소망합니다.

사람을 만날 때 환한 미소로 인사하고, 대화를 할 때는 상대방을 칭찬하므로 사랑과 웃음이 넘치는 대한민국을 함께 만들어 갑시다.

비판과 칭찬의 균형감

현대 사회에서 방송이 국민의 의식과 사고방식에 끼치는 영향은 상상을 초월합니다.

대부분의 사람들은 방송이 단순한 정보 전달을 넘어, 사회 분위기와 개인의 가치관까지 좌우한다는 사실을 잘 알고 있습니다.

하지만 우리나라 방송의 현실을 보면 아쉬움이 큽니다.

'국민의 알권리'라는 명분 아래, 사생활까지 파헤쳐 가며 도를 넘는 비판과 부정적인 보도가 난무하는 경우가 많습니다.

공영방송조차도 따뜻한 미담이나 긍정적인 소식은 드물고, 대부분은 갈등과 논란을 중심으로 한 비판적 보도가 차지하고 있습니다.

특히 종합편성채널은 자극적인 내용을 하루 종일 반복 보도하며 사실보다 의혹을 더 부풀리고, 한 사람의 실수 하나로 모든 업적과 인격을 매도해 심지어 가족까지 고통받게 만듭니다.

누구든 완벽한 사람은 없습니다.

누군가 잘못한 점이 있다면 지적도 필요하지만, 그가 잘한 일, 공헌한 점도 함께 다뤄야 진실에 가까운 균형 있는 평가가 가능합니다.

방송이 바로 서야 국민이 바르게 봅니다.

진실은 빛과 어둠을 함께 보아야 정확하게 보입니다.

비판과 질타가 필요한 만큼, 잘한 일에 대한 칭찬과 격려도 함께 전할 수 있어야

건강한 사회, 성숙한 시청 문화를 만들 수 있습니다.

이제 방송은 부정적 자극보다 희망과 감동을 주는 '칭찬의 눈'으로 세상을 보는 역할을 감당해야 합니다. 그리고 우리 시청자들도 한 걸음 물러서서 보이지 않는 긍정적인 면과 가치를 발견하려는 균형감 있는 시선을 가져야 합니다.

속사람을 칭찬하라

 사람들은 대개 겉으로 드러난 외모나 눈에 보이는 결과만을 보고 상대를 평가하거나 칭찬하고 때로는 비판합니다.
 하지만 겉으로 보이는 모습은 그 사람의 전부가 아닙니다. 진짜 중요한 건 속사람, 곧 마음과 인격, 성품과 태도입니다.
 부모들도 자녀의 성적이나 현재의 모습만 보고 안타까워하기 쉽습니다. 그러나 자녀의 잠재력과 가능성, 그리고 마음속의 진심을 보지 못하고 섣불리 평가하는 것은 너무나 안타까운 일입니다.

 예수님께서는 나다나엘을 처음 만났을 때 "이는 참으로 이스라엘 사람이라, 그 속에 간사한 것이 없다."라고 말씀하셨습니다.
 예수님은 그의 외모도, 능력도 아닌 속사람을 보시고 칭찬하셨습니다.

 우리도 사람들을 볼 때, 자녀든 배우자든 친구든 직장

동료든 이웃이든 겉모습이나 눈에 보이는 성과만 보지 말고 그 사람의 마음과 가능성, 성실함과 인격을 주의 깊게 바라보아야 합니다.

성품, 신앙, 열정, 충성심, 정직함과 같은 속사람을 제대로 보고 칭찬해 주면, 그 사람은 더 훌륭하게 성장할 수 있고 우리의 관계도 더 깊어질 수 있습니다.

속사람을 칭찬할 줄 아는 당신이 최고입니다.

교회는 칭찬 발전소

율법은 죄를 드러내고, 정죄하여 죄인을 죽음으로 이끄는 역할을 합니다. 그래서 사도 바울은 율법을 '죄와 사망의 법'이라 불렀습니다.

하지만 예수님은 우리를 위해 십자가에 달려 죽으시고 부활하심으로 생명의 성령의 법으로 우리를 율법의 정죄에서 자유하게 하셨습니다.

구원은 율법을 지킴으로써가 아니라 하나님의 은혜를 믿는 믿음으로 받는 것입니다.

그런데 교회가 여전히 율법을 강조하고, 정죄와 책망만으로 성도들을 대한다면 교회는 생명을 살리는 공간이 아니라 사람을 위축시키고 상처 주는 곳이 될 수 있습니다.

한 주 동안 직장과 가정에서 수고하고 지친 성도들이 주일에 교회에 와서 은혜의 말씀을 듣고 위로와 힘을 얻고, 기쁨과 소망을 안고 기쁜 마음으로 세상 속으로 다시 나가야 합니다.

회개의 말씀도 필요하지만, 그보다 더 자주 전해져야 할 메시지는 긍정적인 말씀, 기쁨이 되는 말씀, 소망을 주는 복음입니다.

그리고 무엇보다도, 칭찬과 격려의 언어로 성도들에게 날개를 달아 주는 교회가 되어야 합니다.

교회는 '칭찬 발전소'가 되어야 합니다.

서로를 아낌없이 칭찬하고 격려하는 말로 지친 마음을 세워 주고, 하나님 나라를 소망하며 살아가게 하는 은혜의 공동체가 되어야 합니다.

교회는 서로 칭찬하며 사람을 세워 주고 살맛 나게 하는 칭찬 발전소가 되어야 합니다.

칭찬하는 당신이, 교회를 따뜻하게 만들고, 세상을 밝히는 빛입니다.

예수님의 특급 칭찬

예수께서 시몬의 집에 머무실 때, 마리아는 값비싼 나드 향유가 담긴 한 옥합을 가지고 와서 그것을 예수님의 발에 부었습니다. 온 집 안은 금세 향기로 가득 찼습니다. 그러나 그 모습을 본 가룟 유다는 "이 비싼 향유를 왜 이렇게 허비하느냐?" 하며 비난했습니다.

하지만 예수님은 달랐습니다. 마리아의 행동을 가리켜 "그는 내 장례를 준비하는 귀한 일을 하였다."라고 하시며, 복음이 전파되는 모든 곳마다 이 여인이 한 일도 함께 전해져 기억될 것이라고 말씀하셨습니다. 이것은 예수님께서 주신 특별하고도 귀한 칭찬이었습니다.

마리아는 예수님께 대한 감사의 마음을 온전히 표현했지만, 뜻밖에도 제자들의 비난을 받았습니다. 그러나 예수님의 과분한 칭찬은 그녀의 마음에 위로와 확신을 안겨 주었고, 그녀는 감사와 당당함으로 살아갈 수 있었습니다.

칭찬은 사람에게 용기를 주고, 자신감을 심어 주며, 무너진 마음을 다시 세워 줍니다. 예수님조차도 아낌없이 칭찬하셨는데, 예수님을 믿는 우리가 칭찬에 인색할 이유가 있을까요?

 이제는 당신도 누군가를 세워 주는 따뜻한 말, 힘이 되는 칭찬의 사람이 되시기 바랍니다.

셀프 칭찬

자존감은 자기 자신을 존중하고 사랑하는 마음입니다.

자존감이 높은 사람은 자신감이 있고 도전적이며, 삶을 긍정적으로 살아갑니다.

반면 자존감이 낮은 사람은 자신을 작게 여기고, 시도조차 하지 못한 채 소극적인 태도로 살아가기 쉽습니다.

자존감은 저절로 생기는 것이 아닙니다.

격려와 칭찬을 받을 때, 그 마음속에 자신에 대한 긍정적인 이미지가 자리 잡고 자존감이 점점 높아집니다.

물론, 다른 사람들이 칭찬을 해 주면 가장 좋겠지만, 현실은 그렇지 않습니다.

사람들은 나를 알아주지 않기도 하고, 칭찬보다 비판에 익숙한 사회 분위기 속에서 우리는 종종 외롭고 지쳐 갑니다.

그래서 필요한 것이 바로 셀프 칭찬입니다.

하지만 많은 사람들이 말합니다.

"나는 잘하는 게 없다." "스스로 칭찬하는 건 자만 같아서 꺼려진다." 그렇지 않습니다. 사실 우리는 장점이 100

가지라면 단점은 10가지에 불과한 존재입니다.

사람마다 발견하지 못한 천재성이 있습니다.

눈을 돌려 보면, 스스로 칭찬할 수 있는 요소가 참 많이 있습니다.

하나님께서도 천지창조를 하시고 날마다 "보시기에 좋았더라." 하셨고, 마지막 날 사람을 창조하시고는 "보시기에 심히 좋았더라." 하셨습니다. 현대인의 성경에서는 "아주 훌륭하였다."라고 하였습니다.

하나님도 스스로 창조의 결과를 칭찬하신 셀프 칭찬의 원조이십니다!

우리도 하루를 마치며 자신에게 말해 보세요.

"오늘도 열심히 잘 살아 냈어, 참 대견하다."

"지치지만 잘 버텨 내고 있어. 멋져!"

"조금만 더 힘내면 분명히 좋아질 거야. 수고했어."

이런 따뜻한 셀프 칭찬의 말이 자존감을 세우고, 다시 힘차게 내일을 시작하게 해 줍니다.

서로 칭찬하고, 스스로도 칭찬할 줄 안다면 가정도, 교회도, 직장도, 사회도 훨씬 더 따뜻하고 건강한 세상이 될 것입니다.

자신을 칭찬할 줄 아는 당신, 당신이 정말 최고입니다!

갈등을 푸는 열쇠

사람은 감정의 기복이 많은 존재입니다.

어떤 말을 듣느냐에 따라 기분이 좋아지고 관계가 깊어지기도 하고, 반대로 상처받아 마음의 문을 닫고 관계가 멀어지기도 합니다.

우리는 대부분 말로 인해 다툼이 일어나고 갈등을 겪게 됩니다. 부부 사이에도, 부모와 자녀 사이에도, 친구 사이, 이웃 사이, 교우 사이에도 겉으로 드러나지 않지만 마음속에 갈등이 얽혀 있는 경우가 많습니다.

'갈등(葛藤)'이라는 단어 자체가 의미하는 것은 칡(갈)과 등나무(등)가 서로 뒤엉켜 있는 복잡한 상태입니다.

사람과 사람 사이에도 아쉽고, 안타깝고, 섭섭한 감정들이 복잡하게 얽혀 있을 수밖에 없습니다.

대부분의 사람들은 상대방의 잘못을 지적하고 고치려고 하다가 오히려 더 큰 벽을 만들고 마음을 닫게 하고 갈등만 깊어집니다.

성경 잠언 27장 22절에는 이렇게 말씀합니다.

"미련한 자를 곡물과 함께 절구에 넣고 공이로 찧을지라도 그의 미련은 벗겨지지 아니하느니라."

다시 말해, 상대의 미숙함이나 잘못을 공이로 찧듯이 비판하고, 지적하고, 따지고, 잔소리해도 바뀌지 않는다는 뜻입니다.

정말 그 사람을 변화시키고 싶다면 그 마음을 열 수 있는 열쇠가 필요합니다.

그것이 바로 '칭찬'입니다.

칭찬은 마음을 열게 하고, 상한 감정을 녹이며, 서로를 화합하게 만드는 능력이 있습니다.

자녀에게 따뜻한 칭찬 한마디 해 보세요.

배우자의 수고에 진심 어린 칭찬을 건네 보세요.

직장 동료에게, 교회 지체에게, 이웃에게 사소한 것이라도 칭찬의 이유를 찾아서 말해 보세요.

한 번, 두 번 칭찬이 오갈 때 그동안 얽히고설킨 감정의 매듭이 서서히 풀어지며 갈등은 사라지고, 관계는 회복됩니다.

칭찬은 인간관계를 회복시키는 따뜻한 약이요, 깊은 갈등을 녹이는 열쇠입니다.

오늘도 칭찬으로 갈등을 푸는 당신, 당신이 진정 최고 멋진 분입니다.

사람을 빛나게 하는 칭찬

"도가니로 은을, 풀무로 금을, 칭찬으로 사람을 단련하느니라."(잠언 27장 21절)

이 말씀은 은과 금이 도가니와 풀무의 뜨거운 불을 통해 정금처럼 빛나듯, 사람도 칭찬을 통해 변화되고 빛나는 존재로 단련된다는 의미입니다.

우리는 자녀가 뛰어난 사람이 되기를 바라면서도 실제론 칭찬에는 인색하고, 못한 점만 지적하고, 다른 아이들과 비교하며 꾸짖기 일쑤입니다.

생각해 보세요. 남편이나 자녀에게 "왜 이렇게 못하냐?"라고 지적하고, "다른 사람 좀 봐라."라고 비교하고, "도대체 말귀를 왜 못 알아듣느냐?"라고 화내면서 과연 좋은 변화가 있었나요?

대부분의 경우, 변화는커녕 마음의 거리만 멀어졌을 것입니다.

성경은 말씀합니다.
사람은 칭찬으로 변화되고, 단련된다고요.

사람은 칭찬을 들으면 감동을 받습니다. 칭찬해 준 사람의 기대에 부응하고 싶어지고, 더 열심히 잘하려는 마음이 생깁니다.

이런 심리적 반응을 '피그말리온 효과'라고 합니다.

"당신은 할 수 있어요." "잘하고 있어요." "앞으로 더 잘할 거예요." 이처럼 긍정의 말을 들을 때, 사람 안에 잠자고 있던 가능성과 능력이 깨어납니다.

그리고 진짜로 잘하는 사람, 뛰어난 사람으로 성장하게 됩니다.

이제부터는 방향을 바꿔 보세요.

자녀가 못한 것보다 잘한 것을 먼저 칭찬해 보세요.

교인들에게 부족한 것보다 성실함과 열정을 격려해 보세요.

직원들에게 실수보다 성과와 태도를 인정해 보세요.

처음엔 별반 달라지는 게 없어 보여도 지속적인 칭찬은 결국 사람을 바꾸고 그 사람을 정금같이 빛나는 존재로 만들어 냅니다.

나는 누군가에게 칭찬을 받으면 참 기분이 좋은데, 정작 내가 다른 사람을 칭찬하는 데는 왜 그리 인색하고 서툴렀을까요?

돌이켜 보면 참 아쉽습니다. 하지만 지금부터라도 늦지

않았습니다.

사람은 칭찬으로 다듬어지고, 칭찬으로 단련되며, 칭찬으로 빛나는 인물이 됩니다.

칭찬하는 당신, 정말 최고입니다! 멋집니다!

부록

30일 칭찬 실천 일기장

"나는 오늘부터 칭찬의 사람으로 살아가기를 다짐합니다."

칭찬 실천 일기
Day 01
"하루 1칭찬, 당신의 말이 기적을 만듭니다."

오늘 내가 한 칭찬:

칭찬받은 사람의 반응:

내 마음의 변화:

내일 칭찬할 사람 또는 상황 미리 써 보기:

칭찬 실천 일기
Day 02
"하루 1칭찬, 당신의 말이 기적을 만듭니다."

오늘 내가 한 칭찬:

칭찬받은 사람의 반응:

내 마음의 변화:

내일 칭찬할 사람 또는 상황 미리 써 보기:

칭찬 실천 일기
"하루 1칭찬, 당신의 말이 기적을 만듭니다."

Day 03

오늘 내가 한 칭찬:

칭찬받은 사람의 반응:

내 마음의 변화:

내일 칭찬할 사람 또는 상황 미리 써 보기:

칭찬 실천 일기
"하루 1칭찬, 당신의 말이 기적을 만듭니다."

Day 04

오늘 내가 한 칭찬:

칭찬받은 사람의 반응:

내 마음의 변화:

내일 칭찬할 사람 또는 상황 미리 써 보기:

칭찬 실천 일기
"하루 1칭찬, 당신의 말이 기적을 만듭니다."

Day 05

오늘 내가 한 칭찬:

칭찬받은 사람의 반응:

내 마음의 변화:

내일 칭찬할 사람 또는 상황 미리 써 보기:

칭찬 실천 일기
"하루 1칭찬, 당신의 말이 기적을 만듭니다."

Day 06

오늘 내가 한 칭찬:

칭찬받은 사람의 반응:

내 마음의 변화:

내일 칭찬할 사람 또는 상황 미리 써 보기:

칭찬 실천 일기
"하루 1칭찬, 당신의 말이 기적을 만듭니다."

Day 07

오늘 내가 한 칭찬:

칭찬받은 사람의 반응:

내 마음의 변화:

내일 칭찬할 사람 또는 상황 미리 써 보기:

칭찬 실천 일기
"하루 1칭찬, 당신의 말이 기적을 만듭니다."

Day 08

오늘 내가 한 칭찬:

칭찬받은 사람의 반응:

내 마음의 변화:

내일 칭찬할 사람 또는 상황 미리 써 보기:

칭찬 실천 일기
Day 09
"하루 1칭찬, 당신의 말이 기적을 만듭니다."

오늘 내가 한 칭찬:

칭찬받은 사람의 반응:

내 마음의 변화:

내일 칭찬할 사람 또는 상황 미리 써 보기:

칭찬 실천 일기
Day 10
"하루 1칭찬, 당신의 말이 기적을 만듭니다."

오늘 내가 한 칭찬:

칭찬받은 사람의 반응:

내 마음의 변화:

내일 칭찬할 사람 또는 상황 미리 써 보기:

칭찬 실천 일기 — Day 11

"하루 1칭찬, 당신의 말이 기적을 만듭니다."

오늘 내가 한 칭찬:
_____
_____

칭찬받은 사람의 반응:
_____
_____

내 마음의 변화:
_____
_____

내일 칭찬할 사람 또는 상황 미리 써 보기:
_____
_____

칭찬 실천 일기 — Day 12

"하루 1칭찬, 당신의 말이 기적을 만듭니다."

오늘 내가 한 칭찬:
_____
_____

칭찬받은 사람의 반응:
_____
_____

내 마음의 변화:
_____
_____

내일 칭찬할 사람 또는 상황 미리 써 보기:
_____
_____

칭찬 실천 일기
Day 13

"하루 1칭찬, 당신의 말이 기적을 만듭니다."

오늘 내가 한 칭찬:

칭찬받은 사람의 반응:

내 마음의 변화:

내일 칭찬할 사람 또는 상황 미리 써 보기:

칭찬 실천 일기
Day 14

"하루 1칭찬, 당신의 말이 기적을 만듭니다."

오늘 내가 한 칭찬:

칭찬받은 사람의 반응:

내 마음의 변화:

내일 칭찬할 사람 또는 상황 미리 써 보기:

칭찬 실천 일기

"하루 1칭찬, 당신의 말이 기적을 만듭니다."

Day 15

오늘 내가 한 칭찬:

칭찬받은 사람의 반응:

내 마음의 변화:

내일 칭찬할 사람 또는 상황 미리 써 보기:

칭찬 실천 일기

"하루 1칭찬, 당신의 말이 기적을 만듭니다."

Day 16

오늘 내가 한 칭찬:

칭찬받은 사람의 반응:

내 마음의 변화:

내일 칭찬할 사람 또는 상황 미리 써 보기:

칭찬 실천 일기

Day 17

"하루 1칭찬, 당신의 말이 기적을 만듭니다."

오늘 내가 한 칭찬:

칭찬받은 사람의 반응:

내 마음의 변화:

내일 칭찬할 사람 또는 상황 미리 써 보기:

칭찬 실천 일기

Day 18

"하루 1칭찬, 당신의 말이 기적을 만듭니다."

오늘 내가 한 칭찬:

칭찬받은 사람의 반응:

내 마음의 변화:

내일 칭찬할 사람 또는 상황 미리 써 보기:

칭찬 실천 일기
Day 19

"하루 1칭찬, 당신의 말이 기적을 만듭니다."

오늘 내가 한 칭찬:

칭찬받은 사람의 반응:

내 마음의 변화:

내일 칭찬할 사람 또는 상황 미리 써 보기:

칭찬 실천 일기
Day 20

"하루 1칭찬, 당신의 말이 기적을 만듭니다."

오늘 내가 한 칭찬:

칭찬받은 사람의 반응:

내 마음의 변화:

내일 칭찬할 사람 또는 상황 미리 써 보기:

칭찬 실천 일기

Day 21

"하루 1칭찬, 당신의 말이 기적을 만듭니다."

오늘 내가 한 칭찬:

칭찬받은 사람의 반응:

내 마음의 변화:

내일 칭찬할 사람 또는 상황 미리 써 보기:

칭찬 실천 일기

Day 22

"하루 1칭찬, 당신의 말이 기적을 만듭니다."

오늘 내가 한 칭찬:

칭찬받은 사람의 반응:

내 마음의 변화:

내일 칭찬할 사람 또는 상황 미리 써 보기:

칭찬 실천 일기

Day 23

"하루 1칭찬, 당신의 말이 기적을 만듭니다."

오늘 내가 한 칭찬:

칭찬받은 사람의 반응:

내 마음의 변화:

내일 칭찬할 사람 또는 상황 미리 써 보기:

칭찬 실천 일기

Day 24

"하루 1칭찬, 당신의 말이 기적을 만듭니다."

오늘 내가 한 칭찬:

칭찬받은 사람의 반응:

내 마음의 변화:

내일 칭찬할 사람 또는 상황 미리 써 보기:

칭찬 실천 일기 — Day 25

"하루 1칭찬, 당신의 말이 기적을 만듭니다."

오늘 내가 한 칭찬:
_____

칭찬받은 사람의 반응:
_____

내 마음의 변화:
_____

내일 칭찬할 사람 또는 상황 미리 써 보기:
_____

칭찬 실천 일기 — Day 26

"하루 1칭찬, 당신의 말이 기적을 만듭니다."

오늘 내가 한 칭찬:
_____

칭찬받은 사람의 반응:
_____

내 마음의 변화:
_____

내일 칭찬할 사람 또는 상황 미리 써 보기:
_____

칭찬 실천 일기

Day 27

"하루 1칭찬, 당신의 말이 기적을 만듭니다."

오늘 내가 한 칭찬:

칭찬받은 사람의 반응:

내 마음의 변화:

내일 칭찬할 사람 또는 상황 미리 써 보기:

칭찬 실천 일기

Day 28

"하루 1칭찬, 당신의 말이 기적을 만듭니다."

오늘 내가 한 칭찬:

칭찬받은 사람의 반응:

내 마음의 변화:

내일 칭찬할 사람 또는 상황 미리 써 보기:

부록: 30일 칭찬 실천 일기장

칭찬 실천 일기

Day 29

"하루 1칭찬, 당신의 말이 기적을 만듭니다."

오늘 내가 한 칭찬:

칭찬받은 사람의 반응:

내 마음의 변화:

내일 칭찬할 사람 또는 상황 미리 써 보기:

칭찬 실천 일기

Day 30

"하루 1칭찬, 당신의 말이 기적을 만듭니다."

오늘 내가 한 칭찬:

칭찬받은 사람의 반응:

내 마음의 변화:

내일 칭찬할 사람 또는 상황 미리 써 보기:

30일 칭찬 실천 일기장 정리하기

1. 지금까지 칭찬을 통해 느낀 점은?
_____
_____
_____
_____
_____
_____

2. 가장 기억에 남는 칭찬은?
_____
_____
_____
_____
_____
_____

3. 칭찬 실천 후 변화 기록하기
　　나의 마음, 관계, 환경에 어떤 변화가 있었나요?
_____
_____
_____
_____
_____
_____